墨人 著

本全集保留作者手批手稿

墨人博士作品全集【全60冊】

第二十六冊 浴火鳳凰1

文史哲出版社印行

國家圖書館出版品預行編目資料

墨人博士作品全集 / 墨人著 -- 初版 -- 臺北市：文史哲, 民 100.12

頁： 公分

ISBN 978-957-549-987-7 (全套 60 冊：平裝)

1.現代文學 2. 中國文學 3.別集

848.6 100022602

墨人博士作品全集【全60冊】

第二六～二七冊 浴火鳳凰

著者：墨人
出版者：文史哲出版社
http://www.lapen.com.tw
登記證字號：行政院新聞局版臺業字五三三七號
發行人：彭正雄
發行所：文史哲出版社
印刷者：文史哲出版社
臺北市羅斯福路一段七十二巷四號
郵政劃撥帳號：一六一八〇一七五
電話886-2-23511028・傳真886-2-23965656

【全60冊】定價新臺幣 36,800 元

中華民國一百年（2011）十二月初版

ISBN 978-957-549-987-7 08992

墨人博士著作品全集　總目

一、散文類

二、長篇小說

三、中短篇小說散文合集

四、詩詞及論評

附：外篇

墨人的一部文學千秋史

張萬熙先生，筆名墨人，江西九江人，民國九年生。為一位享譽國內外名小說家、詩人、學者。歷任軍、公、教職。六十五歲始自從國民大會簡任一級加年功俸的資料組長兼圖書館長公職崗位退休，但已是中國文壇上一位閃亮的巨星。出版有：《全唐詩尋幽探微》、《紅樓夢的寫作技巧》、二百九十多萬字的大長篇小說《紅塵》、《白雪青山》、《春梅小史》；詩集：《哀祖國》；散文集：《小園昨夜又東風》……。民國五十年、五十一年連續以短篇小說，兩次入選維也納納富出版公司出版的《世界最佳小說選集》。七十歲時自東吳大學中文系教席二度退休，仍著述不輟，為國寶級文學家。墨人博士在臺勤於創作六十多年（在大陸時期已創作十年），並以其精通儒、釋、道之學養，綜理戎機、參贊政務、作育英才，更以其對傳統文學的精湛造詣，與對新文藝的創作，在國際上贏得無數榮譽，如：美國世界大學榮譽文學博士、美國馬奎士國際大學榮譽文學博士、美國艾因斯坦國際學院榮譽人文學博士（包括哲學、文學、藝術、語言四類）、英國劍橋國際傳記中心副總裁（代表亞洲）、英國莎士比亞詩、小說與人文學獎得主，現在出版《全集》中。

壹、家世・堂號

張萬熙先生，江西省德化人（今九江），先祖玉公，明末時以提督將軍身份鎮守雁門關，蒙古騎兵入侵，戰死於東昌，後封爲「河間王」。其子輔公，進士出身，歷任文官。後亦奉召領兵「三定交趾」，因戰功而封爲「定興王」。其子貞公亦有兵權，因受奸人陷害，自蘇州嘉定（即今上海市一區），謫居潯陽（今江西九江）。祖宗牌位對聯爲：嘉定源流遠，潯陽歲月長；右書「清河郡」、左寫「百忍堂」。

貳、來臺灣的過程

民國三十八年，時局甚亂，張萬熙先生攜家帶眷，在兵荒馬亂人心惶惶時，張先生從湖南長沙火車站，先將一千多度的近視眼弱妻，與四個七歲以下子女，從車窗口塞進車廂，自己則擠在廁所內動彈不得，千辛萬苦的從湖南長沙搭火車南下廣州，從廣州登商輪來臺。七月三日抵基隆，由同學顧天一先生，接到臺北縣永和鎮鄉下暫住。

參、在臺灣一甲子奮鬥的過程

一、初到臺灣的生活

家小安頓妥後，張萬熙先生先到臺北萬華，一家新創刊的《經濟快報》擔任主編，但因財務不濟，四個月不到便草草結束。幸而另謀新職，舉家遷往左營擔任海軍總司令辦公室秘書，負責紀錄整理所有軍務會報紀錄。

民國四十六年，張先生自左營來臺北任職國防部史政局編纂《北伐戰史》（歷時五年多浩大工程，編成綠布面精裝本、封面燙金字《北伐戰史》叢書），完成後在「八二三」炮戰前夕又調任國防部總政治部，主管陸、海、空、聯勤文宣業務，四十七歲自軍中正式退役後轉任文官，在臺北市中山堂的國民大會主編研究世界各國憲法政治的十六開大本的《憲政思潮》，作者、譯者都是台灣大學、政治大學的教授、系主任，首開政治學術化先例。

張先生從左營遷到臺北大直海軍眷舍，只是由克難的甘蔗板隔間眷舍改爲磚牆眷舍，大小一般，但邊間有一片不小的空地，子女也大了，不能再擠在一間房屋內，因此，張先生加蓋了三間竹屋安頓他們。但眷舍右上方山上是一大片白色天主教公墓，在心理上有一種「與鬼爲鄰」的感覺。張夫人有一千多度的近視眼，她看不清楚，子女看見嘴裡不講，心裡都不舒服。張先生自軍中假退役後，只拿八成俸。

張先生因爲有稿費、版稅，還有些積蓄，除在左營被姓譚的同學騙走二百銀元外，剩下的積蓄還可以做點別的事。因爲住左營時在銀行裡存了不少舊臺幣，那時左營中學附近的土地只要三塊多錢一坪，張先生可以買一萬多坪。但那時政府的口號是「一年準備，兩年反攻，三年掃蕩，五年成功。」張先生信以爲真，三十歲左右的人還是「少不更事」，平時又忙著上班、寫作，實在不懂政治、經濟大事，以爲政府和「最高領袖」不會騙人，五年以內真的可以回大陸，張先生又有「戰士授田證」。沒想到一改用新臺幣，張先生就損失一半存款，呼天不應。但天理不容，姓譚的同學不但無后，也死了三十多年，更沒沒無聞。張先生作人、看人的準則是：無論幹什麼都是「誠信」第一，因果比法律更公平、更準。欺人不可欺心，否則自食其果。

二、退休後的寫作生活

張先生四十七歲自軍職退休後，轉任台北市中山堂國大會主編十六開大本研究各國憲法政治的《憲政思潮》十八年，時任簡任一級資料組長兼圖書館長。並在東吳大學兼任副教授二十年、香港廣大學院指導教授、講座教授、指導論文寫作、不必上課。六十四歲時即請求自公職提前退休，以業務重要不准，但取得國民大會秘書長（北京朝陽大學法律系畢業）何宜武先生的首肯，六十五歲依法退休。當時國民大會、立法院、監察院簡任一級主管多延至七十歲退休，因所主管業務富有政治性，與單純的行政工作不同，六十五歲時張先生雖達法定退休年齡，還是延長了四個月才正式退休，何秘書長宜武大惑不解地問張先生：「別人請求延長退休而不可得，你爲什麼反而要求退休？」張先生答以「專心寫作」，何秘書長才坦然不疑。退休後日夜寫作，因胸有成竹，很快完成了一百九十多萬字的大長篇小說《紅塵》，在鼎盛時期的《臺灣新生報》連載四年多，開中國新聞史中報紙連載最大長篇小說先河。但報社還不敢出版，經讀者熱烈反映，才出版前三大冊。當年十二月即獲行政院新聞局「著作金鼎獎」與嘉新文化基金會「優良著作獎」，亦無前例。《台灣新生報》又出九十三章至一百二十二章，只好名爲《續集》。墨人在書前題五言律詩一首：

浩劫未埋身，揮淚寫紅塵，非名非利客，孰晉孰秦人？
毀譽何清問？吉凶自有因。天心應可測，憂道不憂貧。

二〇〇四年初，巴黎 youfeng 書局出版豪華典雅的法文本《紅塵》，亦開「五四」以來中文作家大長篇小說進入西方文學世界重鎮先河。時爲巴黎舉辦「中國文化年」期間，兩岸作家多由政府資助出席，張先生未獲任何資助，亦未出席，但法文本《紅塵》卻在會場展出，實爲一大諷刺。張先生一生「只問耕耘，不問收穫」的寫作態度，七十多年來始終如一，不受任何外在因素影響。

肆、特殊事蹟與貢獻

一、《紅塵》出版與中法文學交流

《紅塵》寫作時間跨度長達一世紀，由清朝末年的北京龍氏家族的翰林第開始，寫到八國聯軍、滿清覆亡、民國初建、八年抗日、國共分治下的大陸與臺灣，續談臺灣的建設發展、開放大陸探親等政策。空間廣度更遍及大陸、臺灣、日本、緬甸、印度，是一部中外罕見的當代文學鉅著。墨人五十七歲時應邀出席在西方文藝復興聖地佛羅倫斯所舉辦的首屆國際文藝交流大會，會後環遊地球一周。七十歲時應邀訪問中國大陸四十天，次年即出版《大陸文學之旅》。《紅塵》一書最早於臺灣新生報連載四年多，並由該報連出三版，臺灣新生報易主後，將版權交由昭明出版社出版定本六卷。由於本書以百年來外患內亂的血淚史爲背景，寫出中國人在歷史劇變下所顯露的生命態度、文化認知、人性的進取與沉淪，引起中外許多讀者極大共鳴與回響。

旅法學者王家煜博士是法國研究中國思想的權威，曾參與中國古典文學的法文百科全書翻譯工作，他認爲深入的文化交流仍必須透過文學，而其關鍵就在於翻譯工作。從五四運動以來，中西文化交流一直是西書中譯的單向發展。直到九十年代文建會提出「中書外譯」計畫，臺灣作家才逐漸被介紹到西方，如此文學鉅著的翻譯，算是一個開始。

王家煜在巴黎大學任教中國上古思想史，他指出《紅塵》一書中所引用的詩詞以及蘊含中國思想的博大精深，是翻譯過程中最費工夫的部分。爲此，他遍尋參考資料，並與學者、詩人討論，歷時十年終於完成《紅塵》的翻譯工作，本書得以出版，感到無比的欣慰。他笑著說，這可說是「十年寒窗」。

《紅塵》法文譯本分上下兩大冊，已由法國最重要的中法文書局「友豐書店」出版。友豐負責人潘立輝謙沖寡言，三十年多來，因對中法文化交流有重大貢獻而獲得法國授予文化「騎士勳章」的榮譽。他於五年前開始成立出版部，成爲歐洲一家以出版中國圖書法文譯著爲主業的華人出版社。

潘立輝表示，王家煜先生的法文譯筆典雅、優美而流暢，使他收到「紅塵」譯稿時，愛得不忍釋手，他以一星期的時間一口氣看完，經常讀到凌晨四點。他表示出版此書不惜成本，不太可能賺錢，卻感到十分驕傲，因爲本書能讓不懂中文的旅法華人子弟，更瞭解自己文化根源的可貴之處，同時，本書的寫作技巧必對法國文壇有極大影響。

二、不擅作生意

張先生在六十五歲退休之前，完全是公餘寫作，在軍人、公務員生活中，張先生遭遇的挫折不少。軍職方面，張先生只升到中校就不做了，因爲過去稱張先生爲前輩、老長官的人都成爲張先生的上司，張先生怎麼能做？因爲張先生的現職是軍聞社資料室主任（他在南京時即任國防部新創立的「軍事新聞總社」實際編輯主任，因言守元先生是軍校六期老大哥，未學新聞，不在編輯之列）。但張先生以不求官，只求假退役，不擋人官路，這才退了下來。那時養來亨雞風氣盛行，在南京軍聞總社任外勤記者的姚秉凡先生頭腦靈活，他即時養來亭雞，張先生也「東施效顰」，結果將過去稿費積蓄全都賠光。

三、家庭生活與運動養生

張先生大兒子考取中國廣播公司編譯，結婚生子，廿七年後才退休，長孫修明取得美國南加州大學電機碩士學位，之後即在美國任電機工程師。五個子女均各婚嫁，小兒子選良以獎學金取得美國華盛頓大學化學工程博士，媳蔡傳惠爲伊利諾理工學院材料科學碩士，兩孫亦已大學畢業就業，落地生根。

張先生兩老活到九十一、九十二歲還能照顧自己。（近年以一印尼女「外勞」代做家事）張先生一伏案寫作四、五小時都不休息，與臺大外文系畢業的長子選翰兩人都信佛，六十五歲退休後即吃全素。低血壓十多年來都在五十五至五十九之間，高血壓則在一百一十左右，走路「行如風」，年輕人很多都跟不上張先生，比起初來臺灣時毫不遜色，這和張先生運動有關。因爲張先生住大直後山海軍眷舍八年，眷舍右上方有一大片白色天主教公墓，諸事不順，公家宿舍小，又當西曬，張先生靠稿費維持七口之家和五個子女的教育費。三伏天右手墊墳著毛巾，背後電扇長吹，三年下來，得了風濕病，手都舉不起來，花了不少錢都未治好。後來章斗航教授告訴張先生，圓山飯店前五百完人塚廣場上，有一位山西省主席閻錫山的保鑣王延年先生在教太極拳，勸張先生天一亮就趕到那裡學拳，一定可以治好。張先生一向從善如流，第二天清早就向王延年先生報名請教，王先生有教無類，收張先生這個年已四十的學生，王先生先不教拳，只教基本軟身功攀腿，卻受益非淺。

四、耿直的公務員性格

張先生任職時向來是「不在其位，不謀其政」。後來升簡任一級組長，有一位「地下律師」的專員，平時鑽研六法全書，混吃混喝，與西門町混混都有來往，他的前任爲大畫家齊白石女婿，平日公私不分，是非不明，借錢不還，沒有口德，人緣太差，又常約那位「地下律師」專員到家中打牌。那專員平日不簽到，甚至將簽到簿撕毀他都不哼一聲，因爲爲他多報年齡，屆齡退休時想更改年齡，但是得罪人太多，金錢方面更不清楚，所以不准再改年齡，組長由張先生繼任。

張先生第一次主持組務會報時，那位地下律師就在會報中攻擊圖書科長，張先生立即申斥，並宣佈記過。簽報上去處長都不敢得罪那地下律師，又說這是小事，想馬虎過去，張先生以秘書處名譽紀律爲重，非記過不可，讓他去法院告張先生好了。何宜武祕書長是學法的，他看了張先生簽呈同意記過，那位地下律師「專員」不但不敢告，只暗中找一位不明事理的國大「代表」來找張先生的麻煩。因事先有人告訴他，張先生完全不理那位代表，他站在張先生辦公室門口不敢進來，幾分鐘後悄然而退。人不怕鬼，鬼就怕人。諺云：「一正壓三邪」，這是經驗之談。直到張先生退休，那位專員都不敢惹事生非，西門町流氓也沒有找張先生的麻煩，當年的代表十之八九已上「西天」，張先生活到九十二歲還走路「行如風」，一坐到書桌，能連續寫作四、五小時而不倦，不然張先生怎麼能在兩岸出版約三千萬字的作品？

原載新文豐《紮根台灣六十年》，墨人民國一百年十一月十三日校正）

墨人博士作品全集

文學是千秋藝業
秦皇漢武今何在
李白杜甫仍風流

全集共分四大類
一、散文類 二、小說類
三、文學理論類
四、新詩古典詩詞類

我出生於一個「萬般皆下品，惟有讀書高」的傳統文化家庭，且深受佛家思想影響，因祖母信佛，兩個姑母先後出家，大姑母是帶著賠嫁的錢購買依山傍水風景很好，上名山廬山的必經之地的「天后宮」出家的，小姑母的廟則在鬧中取靜的市區。我是父母求神拜佛後出生的男子，並寄名佛下，乳名聖保，上有二姊下有一妹都夭折了，在那個重男輕女的時代！我自然水漲船高了。我記得四、五歲時一位面目清秀，三十來歲文質彬彬的李瞎子替我算命，母親問李瞎子，我的命根穩不穩？能不能養大成人？李瞎子說我十歲行運，幼年難免多病，可以養大成人，但是會遠走高飛。母親聽了憂喜交集，在那個時代不但妻以夫貴。也以子貴，有兒子在身邊就多了一層保障。母親的心理壓力很大，李瞎子的「遠走高飛」那句話可不是一句好話。

到現在八十多年了，我還記得十分清楚。母親暗自憂心。何況科舉已經廢了，不必「進京趕考」，更不會「當兵吃糧」，安安穩穩作個太平紳士或是教書先生不是很好嗎？我們張家又是大族，人多勢眾，不會受人欺侮，何況二伯父的話此法律更有權威，人人敬仰，去外地「打流」又有什麼好處？因此我剛滿六歲就正式拜孔夫子入學啓蒙，從《三字經》、《百家姓》、《千字文》、《千家詩》、《論語》、《大學》、《中庸》……《孟子》、《詩經》、《左傳》讀完了都要整本背，在十幾位學生中，也只有我一人能背，我背書如唱歌，窗外還有人偷聽，他們實在缺少娛樂。除了我父親下雨天會吹吹笛子、簫，消遣之外，沒有別的娛樂，我自幼歡喜絲竹之音，但是很少聽到。讀書的人也只有我們三房、二房兩兄弟，二伯父在城裡當紳士，偶爾下鄉排難解紛，他是一族之長，更受人尊敬，因爲他大公無私，又有一百八十公分左右的身高，眉眼自有威嚴，能言善道，他的話比法律更有效力，加之民性純樸，真是「夜不閉戶，道不失遺」。只有「夏都」廬山才有這麼好的治安。我十二歲前就讀完了四書、詩經、左傳、千家詩。我最喜歡的是《千家詩》和《詩經》。

關關雎鳩，在河之洲，
窈窕淑女，君子好逑。

我覺得這種詩和講話差不多，可是更有韻味。我就喜歡這個調調。《千家詩》我也喜歡，我背得更熟。開頭那首七言絕句詩就很好懂：

雲淡風清近午天，傍花隨柳過前川。
時人不識余心樂，將謂偷閒學少年。

老師不會作詩，也不講解，只教學生背，我覺得這種詩和講話差不多，但是更有韻味。我也了解大意，我以讀書爲樂，不以爲苦。這時老師方教我四聲平仄，他所知也止於此。

我也喜歡《詩經》，這是中國最古老的詩歌文學，是集中國北方詩歌的大成。可惜三千多首被孔子刪得只剩三百首。孔子的目的是：「詩三百，一言以蔽之，曰思無邪。」孔老夫子將《詩經》當作教條。詩是人的思想情感的自然流露，是最可以表現人性的。先民質樸，孔子既然知道「食色性也」，對先民的集體創作的詩歌就不必要求太嚴，以免喪失許多文學遺產和地域特性。楚辭和詩經不同，就是地域特性和風俗民情的不同。文學藝術不是求其同，而是求其異。這樣才會多彩多姿。文學不應成爲政治工具，但可以移風易俗，亦可淨化人心。我十二歲以前所受的基礎教育，獲益良多，但也出現了一大危機，沒有老師能再教下玄。幸而有一位年近二十歲的姓王的學生在廬山一未立案的國學院求學，他問我想不想去？我自然想去，但廬山夏涼，冬天太冷，父親知道我的心意，並不反對，他對新式的人手是刀尺的教育沒有興趣，我便在飄雪的寒冬同姓王的爬上廬山，我生在平原，這是第一次爬上高山。

在廬山我有幸遇到一位湖南岳陽籍的閻毅字任之的好老師，他只有三十二歲，飽讀詩書，與民國初期的江西大詩人散原老人唱和，他的王字也寫的好。有一天他要六七十位年齡大小不一的學生各寫一首絕句給他看，我寫了一首五絕交上去，廬山松樹不少，我生在平原是看不到松樹的，我是即景生情，信手寫來，想不到閻老師特別將我從大教室調到他的書房去，在他右邊靠牆壁另加一桌一椅，教我讀書寫字，並且將我的名字「熹」改爲「熙」，視我如子。原來是他很欣賞我那首五絕中的「疏松月影亂」這一句。我只有十二歲，不懂人情世故，也不了解他的深意。時任漢口市長張群的侄子張繼文還小我一歲，卻是個天不怕、地不怕的小太保，江西省主席熊式輝的兩個小舅子大我幾歲，閻老師的侄子卻高齡二十八歲。學歷也很懸殊，有上過大學的、高中的，多是對國學有興趣，支持學校的袞袞諸公也都是有心人士，新式學校教育日漸西化，國粹將難傳承，所以創辦了這樣一個尚未立案的國學院，也未大張旗鼓正式掛牌招生，但聞風而至的要人子弟不少，校方也本著「有教無類」的原則施教，閻老師也是義務施教，他與隱居廬山的要人嚴立三先生也有交往。（抗日戰爭一開始嚴立三即出山任湖北省主席，諸閻老師任省政府秘書，此是後話。）同學中權貴子弟亦多，我雖不是當代權貴子弟，但九江先組玉公以提督將軍身分抵抗蒙古騎兵入侵雁門關戰死東昌(雁門關內北京以西縣名，一九九〇年我應邀訪問大陸四十天時去過。)而封河間王；其子輔公。以進士身分出仕，後亦應昭領兵三定交趾而封定興王；其子貞公亦有兵權，因受政客讒害而自嘉定謫居潯陽。大詩人白居易亦曾謫爲江州司馬，我另一筆名即用江州司馬。我是黃帝第五子揮的後裔，他因善造弓箭而賜姓張。遠祖張良是推薦韓信爲劉邦擊敗楚霸王項羽的漢初三傑之首。他有知人之明，深知劉邦可以共患難，不能共安樂，所以悄然引退，作逍遙遊，不像韓信爲劉邦拼命打天下，立下汗馬功勞，雖封三齊王卻死於未央宮呂后之手。這就是不知進退的後果。我很敬佩張良這位遠祖，抗日戰爭初期（一九三八）我爲不作「亡國奴」，即輾轉赴臨時首都武昌以優異成績考取軍校，一位落榜的姓熊的同學帶我們過江去漢口。中共未公開招生的「抗日大學」（當時國共合作抗日，中共在漢口以「抗大」名義吸收人才。）辦事處參觀，接待我們的是一位讀完大學二年級才貌雙全,口才奇佳的女生獨對我說負責保送我免試進「抗大」一期，因未提其他同學，我不去。一年後我又在軍校提前一個月畢業，因我又考取陪都重慶中央政府培養高級軍政幹部的中央訓練團，而特設的新聞「新聞研究班」第一期，與我同期的有爲新詩奉獻心力的覃子豪兄（可惜五十二歲早逝）和中央社東京分社主任兼國際記者協會主席的李嘉兄。他在我訪問東京時曾與我合影留念，並親贈我精裝《日本專欄》三本。他七十歲時過世，這兩張照片我都編入「全集」一百九十多萬字的空前大長篇小說（紅塵）照片類中。而今在台同學只有兩位了。

民國二十八年（一九三九）九月我以軍官、記者雙重身分，奉派到第三戰區最前線的第三十二集團軍上官雲相總部所在地，唐宋八大家之一，又是大政治家王安石，尊稱王荆公的家鄉臨川，（屬撫州市）作軍事記者，時年十九歲，因第一篇戰地特寫《臨川新貌》經第三戰區長官都主辦的行銷甚廣的《前線日報》發表，隨即由淪陷區上海市美國人經營的《大美晚報》轉載，而轉爲文學創作，因我已意識到新聞性的作品易成「明日黃花」，文學創作則可大可久，我爲了寫大長篇《紅塵》、六十四歲時就請求提前退休，學法出身的秘書長何宜武先生大惑不解，他對我說：

「別人想幹你這個工作我都不給他，你爲什麼要退？」我幹了十幾年他只知道我是個奉公守法的張萬熙，不知道我是「作家」墨人，有一次國立師範大學校長劉真先生告訴他張萬熙就是墨人，劉校長看了我在當時的「中國時報」發表的幾篇有關中國文化的理論文章，他希望我繼續寫，劉校長真是有心人。沒想到他在何宜武秘書長面前過獎，使我不能提前退休，要我幹到六十五歲多四個月才退了下來。現在事隔二十多年我才提這件事。鼎盛時期的（台灣新生報）連載四年多的拙作《紅塵》出版前三冊時就同時獲得新聞局著作金鼎獎和嘉新文化基金會「優良著作獎」，劉真校長也是嘉新文化基金會的評審委員之一，他一定也是投贊成票的。「世有伯樂而後有千里馬」。我九十二歲了，現在經濟雖不景氣，但我還是重讀重校了拙作「全集」我一向只問耕耘，不問收穫，我歷任軍、公、教三種性質不同的職務，經過重重考核關卡，寫作七十三年，經過編者的考核更多，我自己從來不辦出版社。我重視分工合作。我頭腦清醒，是非分明，歷史人物中我更敬佩遠祖張良，不是劉邦。張良的進退自如我更歎服。在政治角力場中要保持頭腦清醒，人性尊嚴並非易事。我們張姓歷代名人甚多，我對遠祖張良的進退自如尤爲歎服，因此我將民國四十年在台灣出生的幼子依譜序取名選良。他早年留美取得化學工程博士學位，雖有獎學金，但生活仍然艱苦，美國地方大，出入非有汽車不可，這就不是獎學金所能應付的，我不能不額外支持，他取得化學工程博士學位與取得材料科學碩士學位的媳婦蔡傳惠雙雙回台北探親，且各有所成，幼子曾研究生產了飛機太空船用的抗高溫的纖維，媳婦則是一家公司的經理，下屬多是白人，兩孫亦各有專長，在台北出生的長孫是美國南加州大學的電機碩士，在經濟不景氣中亦獲任工程師，我不要第三代走這條文學小徑，是現實客觀環境的教訓，我何必讓第三代跟我一樣忍受生活的煎熬，這會使有文學良心的人精神崩潰的。我因經常運動，又吃全素二十多年，九十二歲還能連寫四、五小時而不倦。我寫作了七十多年，也苦中有樂，但心臟強，又無高血壓，一是得天獨厚，二是生活自我節制，我到現在血壓還是60－110之間，沒有變動，寫作也少戴老花眼鏡，走路仍然「行如風」，十分輕快，我在國民大會主編《憲政思潮》十八年，看到不少在大陸選出來的老代表，走路兩腳在地上蹉跎，這就來日不多了。個人的健康與否看他走路就可以判斷，作家寫作如在八十歲以後還不戴老花眼鏡，沒有高血壓，長命百歲絕無問題。如再能看輕名利，不在意得失，自然是仙翁了。健康長壽對任何人都很重要，對詩人作家更重要。

一九九〇年我七十歲應邀訪問大陸四十天作「文學之旅」時，首站北京，我先看望已九十高齡的老前輩散文作家，大家閨秀型的風範，平易近人，不慍不火的冰心，她也「勞改」過，但仍心平氣和。本來我也想看看老舍，但老舍已投湖而死，他的公子舒乙是中國現代文學館的副館長，他也出面接待我，還送了我一本他編寫的《老舍之死》，隨後又出席了北京詩人作家與我的座談會，參加七十賤辰的慶生宴，彈指之間卻已二十多年了。我訪問大陸四十天，次年即由台北「文史哲出版社」出版照片文字俱備的四二五頁的《大陸文學之旅》。不虛此行。大陸文友看了這本書的無不驚異，他們想不到我七十一高齡還有這樣的快筆，而又公正詳實。他們不知我行前的準備工作花了多少時間，也不知道我一開筆就很快。

我拜會的第二位是跌斷了右臂的詩人艾青，他住協和醫院，我們一見如故，他是浙江金華人，卻體格高大，性情直爽如燕趙之士，完全不像南方金華人。我們一見面他就緊握著我的手不放，侃侃而談，我不知道他編《詩刊》時選過我的新詩。在此之前我交往過的詩人作家不少，沒有像他如此豪放真誠，我告別時他突然放聲大哭，陪我去看他的北京新華社社長族侄張選國先生，陪我四十天作《大陸文學之旅》的廣州電視台深圳站站長高麗華女士，文字攝影記者譚海屏先生等多人，不但我爲艾青感傷，陪同我去看艾青的人也心有戚戚焉，所幸他去世後安葬在八寶山中共要人公墓，他是大陸唯一的詩人作家有此殊榮。台灣單身詩人同上校軍文黃仲琮先生，死後屍臭才有人知道，他小我二歲，如我不生前買好八坪墓地，連子女也只好將我兩老草草火化，這是與我共患難一生的老伴死也不甘心的，抗日戰爭時她父親就是我單獨送上江西南城北門外義山土葬的。這是中國人「入土爲安」的共識。也許有讀者會問這和文學創作有什麼關係？但文學創作不是單純的文字工作，而是作者整個文化觀、文學觀，人生觀的具體表現，不可分離。詩人作家不能「瞎子摸象」，還要有「舉一反三」的能力。我做人很低調。寫作也不唱高調，但也會作不平之鳴、仗義直言。我不鄉愿，我重視一步一個腳印，「打高空」可以譁眾邀寵於一時，但「旁觀者清」，讀者中藏龍臥虎，那些不輕易表態的多是高人。高人一旦直言不隱，會使洋洋自得者現出原形。作品一旦公諸於世，一切後果都要由作者自己負責，這也是天經地義的事。

我寫作七十多年無功無祿，我因熬夜寫作頭暈住馬偕醫院一個星期也沒有人知道，更不像大陸的當代作家、詩人是有給制，有同教授的待過，而稿費、版稅都歸作者所有。依據民國九十八年一月十日「中國時報」A十四版「二〇〇八年中國作家富豪榜單」二十五名收入人民幣的數字統計，第一高的郭敬明一年是一千三百萬人民幣，第二名鄭淵潔是一千一百萬人民幣，第三名楊紅櫻是九百八十萬人民幣。最少的第二十五名的李西閩也有一百萬人民幣，以人民幣與台幣最近的匯率近一比四・五而言，現在大陸作家一年的收入就如此之多，是我一九九〇年應邀訪問大陸四十天作文學之旅時所未想像到的，而現在的台灣作家與我年紀相近的二十年前即已停筆，原因之一是發表出版兩難，二是年齡太大了。民國九十八年（二〇〇九）以前就有張漱菡（本名欣禾）、尹雪曼、劉枋、王書川、艾雯、嚴友梅六位去世，嚴友梅還小我四、五歲，小我兩歲的小說家楊念慈則行動不便，鬍鬚相當長，可以賣老了。我托天佑，又自我節制，二十多年來吃全素，又未停止運動，也未停筆，最近在台北榮民總醫院驗血檢查，健康正常。我也有我的養生之道，每天吃枸杞子明目，吃南瓜子抑制攝護腺肥大，多走路、少坐車，伏案寫作四、五小時而不疲倦，此非一日之功。

民國九十八（二〇〇九）己丑，是我來台六十周年，這六十年來只搬過兩次家，第一次從左營搬到台北大直海軍眷舍，在那一大片天主教白色公墓之下，我原先不重視風水，也無錢自購住宅，想不到鄰居的子女有得神經病的，有在金門車禍死亡的，大人有坐牢的，有槍斃的，也有得神經病的，我退役養雞也賠光了過去稿費的積蓄，讀台大外文系的大兒子也生病，我則諸事不順，直到搬到大屯山下坐北朝南的兩層樓的獨門獨院自宅後，自然諸事順遂，我退休後更能安心寫作，遠離台北市區，真是「市遠無兼味，地僻客來稀。」同里鄰的多是市井小民，但治安很好，誰也不知道我是爬格子的，連警察先生也不光顧舍下，除了近十年常有人打電話來騙我，幸未上大當外，我安心過自己的生活。當年「移民潮」去不了美國的也會去加拿大，我是「美國人」的祖父，我不移民美國，更別說去加拿大了。娑婆世界無常，早年即移民美國的琦君（本名潘希真）、彭歌，最後還是回到台灣來了，這不能說台灣是「天堂」，以我的體驗而言是台北市氣候宜人，夏天三十四度以上的日子少，冬天十度以下的日子也很少，老年人更不能適應零度以下的氣溫，我只有冬天上大屯山、七星山頂才能見雪。有高血壓、心臟病的老人更不能適應。我不想做美國公民，做台灣平民六十多年，也沒有自卑感。

娑婆世界是一個無常的世界，天有不測風雲，人有旦夕禍福，老子早說過：「福兮禍所倚，禍兮福所伏。」禍福無門，唯人自招。我一生不起歪念，更不損人利己，與人爲善。雖常吃暗虧，只當作上了一課。這個花花世界是我學不完的大教室，萬丈紅塵其中也有黑洞，我心存善念，更不造文字孽，不投機取巧，不違背良知，蒼天自有公斷，我本著文學良心寫作，盡其在我而已，讀者是最好的裁判。

民國一〇〇年（二〇一一）辛卯七月二十九日下午六時二十三分於紅塵寄廬

1951 年墨人 31 歲與夫人曾麗春女士（30 歲）結婚十周年紀念合影於左營

墨人博士七十壽辰與夫人曾麗春女士合影。此照為大翻譯家、文學理論家黃文範先生所攝，並在照片背後題「南山北海惟仁者壽」。

民國二十九年（1940）作者
墨人在江西南城戎裝照。

1939 年墨人即自戰時陪都四川重慶奉派至江西臨川王安石家鄉，第三戰區前線任軍事記者創辦軍報，提供抗日官兵精神食糧。時年 19 歲。

2010 年「五四」作者墨人 91 歲在花蓮和南寺家人合影

2003 年 8 月 26 日作者墨人（中）在含鄱口觀山景點與
作者長女韻華、長子選翰、三女韻湘、二女韻真合影。

2005 年 2 月作者次子選良（右一）回台北與父（右二）及
作者夫人（中）三女韻湘（左二）二女韻真（左一）合影。

作者墨人在書房留影，時年八十五歲。

《墨人博士大長篇小說〈紅塵〉法文譯本封面照片》

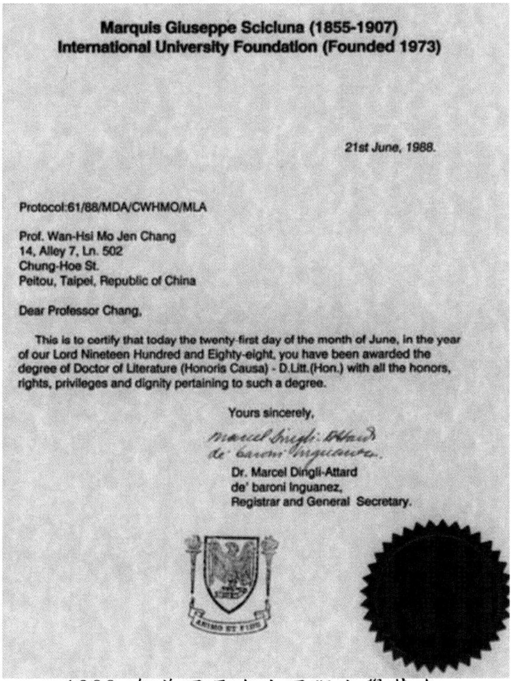

Marquis Giuseppe Scicluna (1855-1907)
International University Foundation (Founded 1973)

21st June, 1988.

Protocol:61/88/MDA/CWHMO/MLA

Prof. Wan-Hsi Mo Jen Chang
14, Alley 7, Ln. 502
Chung-Hoe St.
Peitou, Taipei, Republic of China

Dear Professor Chang,

This is to certify that today the twenty-first day of the month of June, in the year of our Lord Nineteen Hundred and Eighty-eight, you have been awarded the degree of Doctor of Literature (Honoris Causa) - D.Litt.(Hon.) with all the honors, rights, privileges and dignity pertaining to such a degree.

Yours sincerely,

Dr. Marcel Dingli-Attard
de' baroni Inguanez,
Registrar and General Secretary.

1988 年美國馬奎士國際大學基金會，授予張萬熙墨人教授榮譽文學博士學位證書。

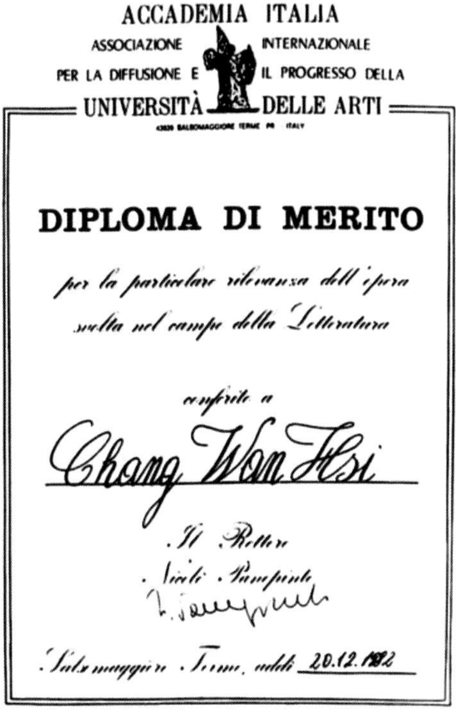

ACCADEMIA ITALIA
ASSOCIAZIONE INTERNAZIONALE
PER LA DIFFUSIONE E IL PROGRESSO DELLA
UNIVERSITÀ DELLE ARTI
43039 SALSOMAGGIORE TERME PR ITALY

DIPLOMA DI MERITO

per la particolare rilevanza dell'opera
svolta nel campo della Letteratura

conferito a

Chang Wan Hsi

Il Rettore
Nicola Pampinto

Salsomaggiore Terme, addì 20.12.1982

義大利出版英、法、德、義四種文字的「國際文學史」的 ACCADEMIA ITALIA, 1982 年授予墨人的文學功績證書。

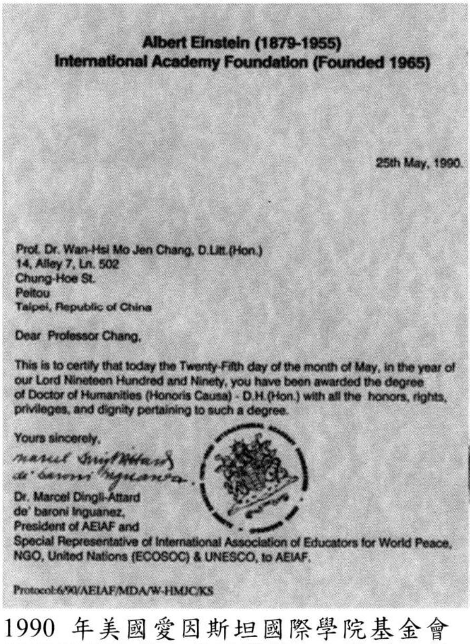

Albert Einstein (1879-1955)
International Academy Foundation (Founded 1965)

25th May, 1990.

Prof. Dr. Wan-Hsi Mo Jen Chang, D.Litt.(Hon.)
14, Alley 7, Ln. 502
Chung-Hoe St.
Peitou
Taipei, Republic of China

Dear Professor Chang,

This is to certify that today the Twenty-Fifth day of the month of May, in the year of our Lord Nineteen Hundred and Ninety, you have been awarded the degree of Doctor of Humanities (Honoris Causa) - D.H.(Hon.) with all the honors, rights, privileges, and dignity pertaining to such a degree.

Yours sincerely,

Dr. Marcel Dingli-Attard
de' baroni Inguanez,
President of AEIAF and
Special Representative of International Association of Educators for World Peace, NGO, United Nations (ECOSOC) & UNESCO, to AEIAF.

Protocol:6/90/AEIAF/MDA/W-HMJC/KS

1990 年美國愛因斯坦國際學院基金會授予張萬熙墨人教授榮譽人文學（含哲學文學藝術語言四種）博士學位

WORLD UNIVERSITY ROUNDTABLE
In Corporate Affiliation with the World University

Greetings

In recognition of Distinguished Achievement within the principles and purposes of the World University development, the Trustees of the Corporation, upon the nomination of the Secretariat, confer doctoral membership and this honorary award upon

Chang Wan-Hsi (Mo Jen)

The Cultural Doctorate in Literature

with all rights and privileges there to pertaining.

Witness our hand and seal at the International Secretariat
Regional Campus, Benson, Arizona
April 17, 1989

President of the Board of Trustees
Secretary of the Board of Trustees

1989 年美國世界大學授予張萬熙墨人榮譽文學博士學位，文化大學創辦人張其昀（曉峰）先生亦獲此榮譽。

THIS
PICTORIAL
TESTIMONIAL
OF ACHIEVEMENT
AND DISTINCTION
proclaims throughout the world that
DR. CHANG WAN-HSI (MO JEN)
is the recipient of the above-mentioned Honour,
granted by the Board of Editors of the
2000 OUTSTANDING SCHOLARS
OF THE
20TH CENTURY
meeting in Cambridge, England, on the date set out below,
AND that the Board also resolves that a portrait photograph of
DR. CHANG WAN-HSI (MO JEN)
be attached to this Testimonial as verification
of the Honour bestowed.
2000 OUTSTANDING SCHOLARS OF THE 20TH CENTURY
First Edition
Signed and sealed on the
14th December 1999
Authorized Officer

1999 年 10 月張萬熙墨人博士榮登英國劍橋國際傳記中心《二十世二千位傑出學者》第一版證書。

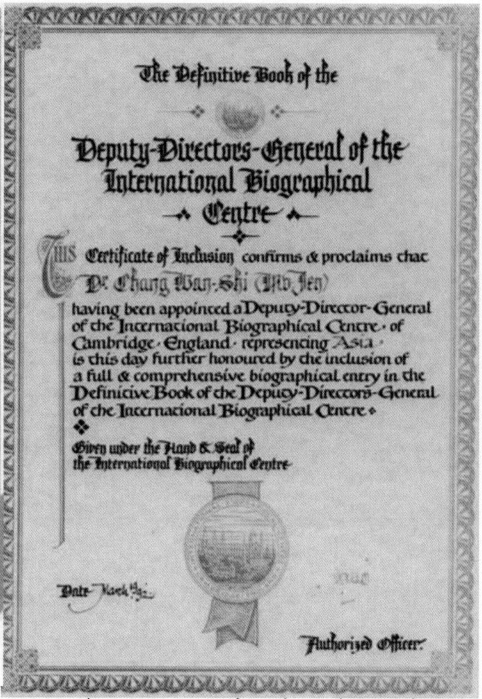
The Definitive Book of the
Deputy-Directors-General of the
International Biographical
Centre
THIS Certificate of Inclusion confirms & proclaims that
Dr. Chang Wan-shi (Mo Jen)
having been appointed a Deputy-Director-General
of the International Biographical Centre · of
Cambridge · England · representing Asia ·
is this day further honoured by the inclusion of
a full & comprehensive biographical entry in the
Definitive Book of the Deputy-Directors-General
of the International Biographical Centre ·
Given under the Hand & Seal of
the International Biographical Centre
Date
Authorized Officer

1992 英國劍橋國際傳記中心（I.B.C.）任張萬熙墨人博士為代表亞洲的副總裁。

THE INTERNATIONAL
SHAKESPEARE
AWARD
FOR LITERARY ACHIEVEMENT
This Illuminated Certificate of Merit
commemorates and celebrates the life and work of
Dr. Chang Wan-Hsi (Mo Jen) DDG
and is therefore a rightful recipient of the
Shakespeare Award for Literary Achievement
and as such stands testament to the efforts made
by said individual in the arena of
Poetry, Novels and the Humanities
Witnessed on the date set out below by the Officers of the
International Biographical Centre at its Headquarters in
Cambridge, England and signed by the
Director General and Editor-In-Chief.
16th March 2009
Director General
Editor-In-Chief

2009 年 3 月 16 日英國劍橋國傳記中心總裁與總編輯聯合授予張萬熙墨人博士國際莎士比亞文學成就獎。

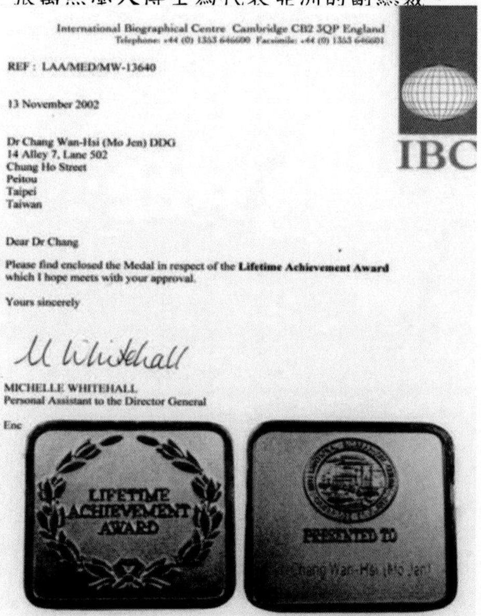
International Biographical Centre Cambridge CB2 3QP England
Telephone: +44 (0) 1353 646600 Facsimile: +44 (0) 1353 646601

IBC

REF : LAA/MED/MW-13640

13 November 2002

Dr Chang Wan-Hsi (Mo Jen) DDG
14 Alley 7, Lane 502
Chung Ho Street
Peitou
Taipei
Taiwan

Dear Dr Chang

Please find enclosed the Medal in respect of the **Lifetime Achievement Award** which I hope meets with your approval.

Yours sincerely

M Whitehall

MICHELLE WHITEHALL
Personal Assistant to the Director General

Enc

英國劍橋國傳記中心(I.B.C.)2002 年頒發詩人作家張萬熙（墨人）博士終身成就獎，英文信及金牌正反面照片墨人早年即被 I.B.C.推選為副總裁。

墨人博士作品全集

浴火鳳凰

目 次

上 冊

下冊

附錄

第一章　難民列車窮湊合
流亡學子去請纓

黃翰君從窗口鑽進車廂之後，又連忙伸出手拉黃翰文上去。劉漢民、胡以犖、蕭瑋、廖馨瀞、許挹清，也同樣地從窗口鑽了進去。

他們是第四次爬上隴海路、津浦路、浙贛路，各路車廂七拼八湊而成的列車，他們風聞這列車就要開走，便又一窩蜂地湧了上來。

車廂裡的人很多，所有的座位都擠得滿滿的，連放行李的架子上都睡滿了人，過道也水洩不通。他們七個人擠在廁所旁邊一個小角落裡，屁都打不出來。車廂裡的空氣非常污濁，汗臭薰人欲嘔。很多人的喉嚨左右露出一條條紫紅色的血痕，那是扯痧扯出來的。

大家都愁眉苦臉，孩子哭叫，大人嘆氣，白的汗衫變成了抹桌布一般顏色。

「車子什麼時候開？」一個中年婦人焦急地問她的丈夫。

「不管什麼時候開，我們再也不下去。」男的堅決地回答。

「要是飛機來了怎麼辦？」女的躭心地問。

男的伸出頭去望望天空。天空萬里無雲，太陽像一團火球，晒得車皮燙手，這種天氣正好空襲。可是今天上午鬼子的飛機已經來過，把南昌市區炸得一塌糊塗，如果再來那也只好聽天由命了。因此他回過頭來對她說：

「炸死我也不走！」

「你們上車了好久？」黃翰君問。

「警報一解除就上來了。」他說。

「你們到什麼地方？」

「武漢。」

「我們也去武漢，那你們和我們同路。」

那人沒有什麼表示，他不願多講話。廖聲濤接着問他：

「你們爲什麼不坐快車去？」

他冷漠地望了廖聲濤一眼，憤憤地說：

「買不到票！車票已經訂到三個月以後了。」

廖聲濤兩肩一聳，作了一個鬼臉。他們也是買不到票，只好坐這種霸王車，走一站算一站。

他們剛高中畢業，只希望八月十五號以前趕到武漢就行了。

那中年婦人覺得丈夫的態度不大禮貌，向他們抱歉地一笑問：

「列位到武漢有什麼貴幹？」

「考軍校。」黃翰君說。

「唉，砲火喧天，當軍人很危險。」她深深看了黃翰君一眼，無限惋惜地說。

「當軍人自己危險，不當軍人國家危險。今天報上說鬼子已經打過馬當了，我們總不能看着中國完蛋。」

她臉上慢慢浮起一絲敬意，她丈夫也注意看了黃翰君一眼。一位梳着絡巴頭的老太太望着黃翰君慈愛地說：

「可是你花兒沒開，果兒沒結。如果你是我的兒子，我一定不讓你當兵。」

黃翰君露着雪白的牙齒向老太太一笑，便和劉漢民他們唱起歌來。老太太搖搖頭自言自語：

「不聽老人言，受苦在眼前。年紀輕輕的，眞可惜。」

他們的歌聲被一群蜂湧着攀登車廂的人打斷了，有幾個人想從窗口爬進來，胡以群和聶璋擋住窗口不讓他們上，其中一個身體特別强壯的人已經把一隻腳伸進窗口，聶璋端起他那隻腳用力一推，那人仰面朝天地跌在月台上。別人看看沒有辦法，都爬上車頂去了。那人爬起之後向聶璋咒罵了幾句，也匆匆向車頂上爬，聶璋和胡以群相視而笑。

「大概是要開了吧？不然這些人怎麼會突然湧上來？」那中年人面有憂色地說。

「不知道這些人是從什麼地方逃來的？」中年婦人接嘴。

「還不是從下江來的。這幾天逃難的人像潮水一樣湧過來，我們今天再不走，明天就更困難了。」男的說完又嘆口氣。

一個紅帽子匆匆地從車廂旁邊經過，中年婦人連忙向他招呼：

「喂，請問車子什麼時候開？」

紅帽子回過頭來冷漠地看了她一眼，陰陽怪氣地回答：

「開的時候開。」

「呸！短命鬼！殺千刀的！」中年婦人向那紅帽子啐了一口。

黃翰君他們看了好笑。

這幾個月來，除了特別快車還能按時開出外，其他的車子根本沒有固定的班次，隨時都準備打差。車站的人對於行車時刻總是諱莫如深，裝出非常神祕的樣子。弄得一般難民和流亡學生日夜守在車站，盤踞車廂，聽到一點風聲，就一窩蜂地亂跑，誰都不守秩序。

黃翰君他們第四次爬上車又一個多鐘頭了，車子還沒有一點動靜，他們也漸漸煩躁不安起來。車廂裡擠得非常難過，想到廁所小便一下也不能，一是沒有辦法動身，二是廁所裡也擠滿了人。那位中年婦人兩條柳眉結在一起，瓜子臉上紅一陣白一陣，大概也有點內急？

忽然警報嗚嗚地叫了起來，大家臉色發白，有人咬牙切齒兒罵：

「媽的！一天兩次警報，眞要命！」

中年婦人駭得臉色發靑，像打擺子一樣，牙齒咯咯響。原先說「炸死我也不走」的中年男人，首先驚跳起來，想奪門而出。但是門被人堵住，窗子也被胡以羣他們堵住，他看看走投無路，急得想哭。黃翰君本來想讓他們夫婦兩人和那位老太太先出去，正好胡以羣和蕭瑋兩人都搶先跳了出去。廖聲濤、劉漢民、許挹淸，也跟着跳出去，輪到黃翰君、黃翰文兩兄弟跳時，黃翰文扯扯黃翰君的黑府綢襯衫說：

「三哥，讓那位老太太和他們兩位先下，我們等一步。」

「好。」黃翰君點點頭，馬上讓出一條路。

那位老太太由一位三十多歲的兒子攙扶着走近窗口。黃翰君叫他先下車去接，自己幫助老太太鑽出窗口，老太太感激地對黃翰君說：

「年輕人，良心好，該有好報。」

老太太下車以後，她兒子就揹着她逃跑。黃翰君、黃翰文兩兄弟又讓那對中年夫婦下去，然後他們纔一躍而下。

跳出車廂，他們兩人就以跑百米的速度，向附近的稻田狂奔。劉漢民他們已經跑過鐵路線，鑽進兩千公尺以外的稻田去了。他們兩人也朝着劉漢民那個方向跑，他們跑到時緊急警報就像殺豬般地嚎叫了。

他們伏在田埂邊一塊窪地裡，靜靜地等候敵機來臨。這裡離車站很遠，又是一片稻田，比較安心。等了好半天，還不見敵機的踪影，倒是自己的五架小驅逐機在高空飛來飛去，看上去像五隻小蜻蜓在藍色的天空游動，他們覺得很有趣，反而希望敵機早點來，好看一場激烈的空戰。黃翰君本來想當空軍，因爲有痧眼，沒有考上，這纔改變志願當陸軍。

「三哥，家裡接到我們的信之後，一定很傷心，我們上幾代人沒有一個當兵。」黃翰文忽然想起前幾天發的那封信，心裡有點不安。他想母親一定很不高興，他們小時母親就對他說過「好男不當兵，好鐵不打釘」，尤其是姑母，更希望他們兩兄弟將來能考個洋狀元。他們黃家是書香世家，代代都有功名，現在他們兩人一從軍，他們的希望自然幻滅了。

「我們不能那樣想。鬼子已經打到大門口了，那幾根大旗桿恐怕都保不住，現在還談什麼功名？」黃翰君笑着對黃翰文說：「從我們這一代起，出個把武將也說不定。」

黃翰文知道哥哥訓練過壯丁，對於掛斜皮帶比戴方帽子更有興趣。那封信能不能寄到家裡還是問題？也許日本人比信先到呢？那一切就不必談了。不過他對家人是很懷念的，如果不是日本人打來了，他們兄弟兩人這次高中畢業是要慶祝一番的，他們兩人也一定要在家裡住一個時期，現在是一畢業就開始流亡了。

他們兄弟兩人伏在地上談着家庭，談着未來，忽然聽到別人驚叫：

「飛機來了，飛機來了！」

他們的心情也突然緊張起來。側耳細聽，遠處果然傳來轟炸機的「嗡——嗡——」聲，原來在天上游動的那五隻「小蜻蜓」，迅速地向東北方急飛而去。

轟炸機的聲音愈來愈近，那沉濁的老牛喘息般的聲音，彷彿像一隻大榔頭一下一下地敲在心上，而接着出現的是九隻灰黑色的笨鳥，從東北向他們這個方向飛來，一顆顆黑色的「蛋」，從它們的肚皮底下斷斷地落下來，接着是轟轟的巨響，和陣陣濃煙。一會兒它們的三角隊形凌亂了，兜了一個小圈之後，循着原來的方向逃逸，而在它們的上空，則有十來架小飛機上下翻滾纏鬥，格格的槍聲，時斷時續，忽然遠方有一架小飛機拖着一股黑煙向下栽落，不知道是敵人的還是自己的？

一小時後，警報解除，人都從稻田裡，樹腳下，和各種隱蔽的地方鑽出來。

大家上車之後就紛紛探聽轟炸的地點，和空戰的情形，據說牛行車站落了十幾顆炸彈，一節傷兵車全毀了。

「打下鬼子的飛機沒有？」那中年男人關心地問那個歡喜說話的光頭胖子。

光頭胖子搖搖頭。

「我親眼看見有一架飛機從半天雲裡栽下來的。」中年男人說。

「那是我們自己的。」光頭胖子慨嘆地回答。又雙手捣着嘴巴湊近那中年人的耳根輕輕地說：「聽說飛機師是個老毛子。」

那中年人先是有點驚訝，隨後又搖搖頭嘆口氣。

亂糟糟的車廂，亂糟糟的談話，直到七點半鐘，情形纔突然轉變，因爲這個七拼八湊，兩天來沒有動過一下的列車，車頭終於嗚嗚地叫了，輪子也吃卡吃卡地在軌道上慢慢滾動，慢慢離開南昌車站。大家馬上興奮起來，連那對愁眉苦臉的中年夫婦臉上也露出了笑容。青年學生們更高興地唱起歌來。

劉漢民在他們七個人當中個子是最大的，年齡也是最大的。在「九一八」以後，他從關外流浪到關內，學業時斷時續，高中畢業時已經二十二歲了。由於遠離家鄉，自然害了鄉思病。他原希望抗戰一爆發很快就打回老家去，可是越走越遠。他不是一個愛歌唱的人，却特別喜歡「流亡三部曲」和「打回老家去」這兩支歌，他唱時聲音會抖，有時還淌「貓尿」。

「他是個大飯桶，你看，他這樣子像不像薛仁貴？」廖聲濤拍拍劉漢民的肩膀對那中年人說。

那中年人點點頭，又禁不住問劉漢民：

「你也準備當軍人？」

「咱不想老是逃難，希望將來能帶一批人打回老家去。」劉漢民坦率地回答。

那中年人點點頭，他們兩人談得很投機。他告訴劉漢民他叫李子平，劉漢民却乾脆叫他李大哥。

他們各人都找到了談話的對手，廖聲濤找到了一個白衣黑裙的女學生窮聊，他最愛拈花惹草。

車子在一個小站停了下來，他們忽然發覺不見那位慈祥的老太太。黃翰君躭心她沒有上車，李子平說她也許上了別個車廂，有兒子照顧不會出岔子。

在這個小站沒有什麼人上車，更沒有人下車，不知道爲什麼要停？後來一列軍車急馳而過，大家纔知道這是錯車。

「這些部隊說不定是開往九江的？九江已經吃緊了。」李子平望着那列急馳而去的軍車說。

「九江如果丟了，南昌也難保。」黃翰君說。

「幸好我們的車子離開了南昌。」李子平臉上露出一絲笑容。

「這條命還不知道逃不逃得出來？」李太太憂愁地說。瓜子臉上沒有一點血色。

這時廖聲濤哈哈地笑了起來。同學們都轉過頭去望他。那女生的臉一紅，他却向黃翰君黃翰文他們做了一個鬼臉。

「這傢伙眞該打？」劉漢民望着廖聲濤說，他不讚成廖聲濤到處留情，亂談戀愛。

「明天早晨我們罰他請客。」胡以羣抓住機會。

「他眞是見了姐姐就忘了妹妹，昨天還和胡秀英一把眼淚一把鼻涕，現在又和別人談得天花亂墜。」黃翰文說。

大家都笑了起來。

廖聲濤聽見笑聲，又回過頭來向他們做鬼臉。這次大家故意不理他，他也不在乎。

「這小子好厚的臉皮！」劉漢民笑着搖搖頭。

那女生不敢再和廖聲濤胡扯，廖聲濤只好過來，和大家擠在一塊。大家故意冷落他，不和他搭腔，他獨自靠在椅背上，呼呼地睡着了。

慢慢地大家都睡着了，你靠着我，我靠着你，東歪西倒，疊羅漢般地睡着了。

次日清早一覺醒來，車子靜靜地停在淸江。

廖聲濤一睜開眼睛，就瞟了那位女生一眼。她已經醒來，向他含情脈脈地一笑。

大家看看車子一時開不了，都拿了毛巾牙刷下去洗臉，廖聲濤邀那位女生一道下車，向大家介紹：

「這位是梁碧薇小姐，葆靈女中的，剛畢業。」

大家和她寒暄了幾句，總知道她是宜春人，本來準備考大學，現在時局這樣亂，却定打不主意了。

洗漱完畢，他們一道吃早點，連李子平夫婦在內，剛好十個人。吃完，胡以鞏向大家宣佈：

「今天早點由廖聲濤請客，各位不必會賬。」

說完他就抹抹嘴巴走了。

廖聲濤大方地會了賬，大家也不客氣地走了。祇有廖聲濤不走，他和梁小姐在小舖子裡聊天。

「廖聲濤這傢伙的臉皮眞厚！」上車以後大家都這樣說。

「我看這位老弟的本領眞不小。」李子平說。

「他是一隻好吃的貓，見不得魚腥。」黃翰文笑着接腔。

李子平笑了，李太太把嘴巴一抿，她不好意思笑出聲來。

「惟願車子馬上開，把他丟在淸江。」聶璋幸災樂禍地說。

「那他小子正得其所哉。」劉漢民接嘴：「只要有女人，他小子纔不就心丟下來。」

聽劉漢民這樣說，大家忍不住笑，一邊笑一邊罵廖聲濤。

直到車頭的汽笛尖叫，廖聲濤纔和梁小姐走出店來。梁小姐有點急，碎步跑過來。他在後面大搖大擺，滿不在乎。等他走近窗口時，車子已經開動了，他把兩手一伸，大家把他從窗口拖進來，劉漢民在他屁股上重重打了一下：

「你這小子眞渾賬！」

大家哄笑起來，李太太也忍不住笑了。

他挨了打一點也不在乎，反而瞪着眼睛問大家：

「梁小姐上來沒有？」

黃翰文把手一指，他看見梁小姐坐在那邊抿着嘴笑，他馬上抹抹鼻子也笑了。

劉漢民望着他直搖頭，他立刻遞給劉漢民一枝煙，劉漢民隨手扔到窗外，他若無其事地獨自抽起煙來。

車自淸江開出以後，速度很快，卻又逢站必停，小站小停，大站大停，停的原因多半是讓軍車，向東開的車子比向西開的車子多，又多半是軍車，不是軍品就是軍隊，無論是敞車篷車，都是急如星火地向東飛馳。因此黃翰文隨口說了一句：

「軍情急於火。」

「熱血湧如潮。」廖聲濤脫口而出。

黃翰君馬上鼓掌：「妙對！妙對！」

聶璋譏諷地說：「歪才！歪才！」

大家都笑了起來，廖聲濤故意抖着肩膀笑，劉漢民微微白了廖聲濤一眼：

「我看你小子是一身冷血。」

「談戀愛時他倒是滿腔熱血。」胡以華說。

「不談戀愛時他就是一身冷血。」聶璋說。

大家你一句，我一句，嘻嘻哈哈。廖聲濤乘機瞥了梁小姐一眼，她兩頰微紅，似笑還羞。廖聲濤看了非常得意，回過頭來向大家做鬼臉。

李子平夫婦看了也好笑，他們比昨天開朗多了。

鐵路兩邊的稻田一片金黃，有的正在收穫。車子經過時農夫們伸直腰，像呆頭鵝樣地望着車上五顏六色的人。

車子快到宜春時梁小姐有點坐立不安，她不時偷偷地瞟廖聲濤一眼，廖聲濤也顯得滿身不自在，終於厚着臉皮擠到梁小姐身邊去了。

在宜春下車的人不少，有的人就在此地避難，不再前進了。

宜春車站不大，而車站附近的新興建築却如雨後春筍，旅館小店尤其多，一片戰時新興氣象。

梁小姐隨身攜帶的行李只有一捲鋪蓋，一口皮箱。廖聲濤自告奮勇地一手提一個，送她下車。黃翰文看他提得吃力，連忙從他手裡接過皮箱，提了下去。大家都禮貌地送梁小姐下車，她非常感激，邀請他們去她家裡小住一兩天，大家婉謝了，只有廖聲濤想去。他望望大家，又望望梁小姐。劉漢民以老大哥的身份說：

「謝謝梁小姐的好意，我們要去武漢趕考。」

梁小姐只好吩咐脚夫，挑起行李，悵然地和大家告別。走了十幾步路她又回頭來望了廖聲濤一眼，然後低着頭匆匆離去。

劉漢民看梁小姐走遠了，抓住廖聲濤的臂膀指着他的鼻子說：

「你小子屁股頭掛紙錢，招神惹鬼！以後如果再不檢點，小心我揍你！」

廖聲濤連忙向劉漢民擺擺手，一臉孔猾稽。劉漢民把他一推，他踉蹌了幾步，又嬉皮笑臉地對劉漢民說：

「英雄難過美人關，誰像你那麼不解風情？」

「英雄？」劉漢民嗤的一笑：「我看你小子簡直是狗熊。」

「請客，罰他請客！」胡以鞏說。

「好，我們到四季春去！」廖聲濤自己先舉手，大聲地說：「吃光了爺的再吃你們的，爺還怕你們開小差？」

於是大家一哄，跑到車站旁邊一家新建的小館子四季春去。

廖聲濤大模大樣地坐着，向茶房呼三喝四，要這要那，茶房被他弄得團團轉。

飯菜一上桌，大家就狼吞虎嚥地吃了起來。最後廖聲濤把盤子往自己鉢裡倒，每隻盤子他都倒個精光。

「這小子真饞！」劉漢民看了直搖頭。

「就是你不好！」廖聲濤用筷子指着劉漢民說：「不然，我在梁小姐家作女婿，吃雞腿！」

「小子，你要不要鼻子？」劉漢民笑着罵他。

「臉都不要，還要鼻子？」廖聲濤怪模怪樣地掃了大家一眼，大家被他逗笑了。

吃完，他吩咐茶房算賬，一共總九角四分，他掏出一塊袁大頭，往桌上一丟，袁大頭叮噹一聲，在桌上打了幾個轉轉。他望着正在打轉的袁大頭好笑，隨即大搖大擺地走出來。

茶房連忙把袁大頭握在手掌心裡，生怕別人看見似的。

他們剛走到四季春門口，一列沒有篷頂的火車，裝滿了斜揹着紅纓大刀的軍隊，轟隆轟隆地急馳而過。站在車上的士兵正高聲唱着：

大刀向——鬼子們的頭上砍去！

……………

第二章　茶館候車無聊賴　花下做鬼也風流

他們這列火車遲遲沒有開動，在站長室也打聽不出什麼名堂來，便索性在茶館休息，在竹椅上躺躺，吃吃瓜子，磨磨牙。

他們身上都很髒，有很重的汗味，大家都想洗澡，但誰也不敢大胆離開，因為車子說開就開，一分鐘也不會等的。

這家茶館正當風，躺在竹椅上比擠在車廂裡涼快得多，劉漢民和聶瑋很快地便睡着了。其他的人也陸續睡了，只有廖聲濤和黃翰文兩人沒有睡。劉漢民和聶瑋兩人睡在一塊很不調和。劉漢民是個大塊頭，頭大手腳也大，身體强壯結實，呼吸時胸部一起一伏，像春風吹着麥浪，睡相非常安祥；聶璋在他們這七個人中個子最小，而且瘦弱，他一身排骨，連臉上也挑不起一絲肉來。腦殼大，下顎尖，驟看文質彬彬，細看却有兩隻銳利的眼睛，和兩道劍眉，睡着了兩眉也微微鎖着，嘴巴閉得很緊。

廖聲濤看他們兩人睡着了，在地上檢起一根鷄毛，先在劉漢民的耳孔裡輕輕撩撥，劉漢民只隨便用手摸摸耳朶又睡着了；過了一會廖聲濤又用鷄毛撩撥他的鼻孔，他打了一個噴嚏，微微睜開眼睛，當他發現是廖聲濤搗鬼，只輕輕地白了廖聲濤一眼，又翻身睡着了。可是當廖聲濤用鷄毛去撩撥沉睡中的聶璋的鼻孔時，聶璋突然一躍而起，抓住那根鷄毛，兩眼大大地盯着廖聲濤：

「你搗什麽鬼？」

廖聲濤連退兩步，摸摸鼻子自行離開。

「怎樣？碰了一鼻子灰吧？」黃翰文調侃他。

他在黃翰文旁邊悄悄坐下，自我解嘲地說：

「早知道要等這麽久，我眞該到梁小姐家裡去，作個臨時女婿，呆在這裡眞沒有意思。」

「你就是離不開女人。」

「翰文，說眞的，還是女人有意思。」

「女人扭扭怩怩，有什麼意思？」

「女人面軟心軟，不會吹鬍子瞪眼睛。」

「王熙鳳可也心狠手辣。」

「能在花下死，做鬼也風流。何況王熙鳳媚的時候也眞媚，那像聶璋那麼可惡？」

「我同意你的看法，不過你纔十八歲，不能做風流鬼。」

「你可知道，寶玉和襲人初試雲雨情時纔十三歲，比起他來我還是老大哥啦！」

「可惜現在碰不到紅樓夢裡的那些女人。」

「你看梁小姐如何？」

「人倒很漂亮。」

「比不比得上胡秀英？」

「你是不是想走馬換將？」

「我不過是想試試你的眼光。」

「梁小姐當然比胡秀英强。」

廖聲濤在黃翰文的大腿上一拍，豎起大姆指說：

「英雄所見略同。」

「去你的！這算什麼英雄？」黃翰文笑着把廖聲濤一推。

「怡紅院裡的英雄。」廖聲濤湊近黃翰文耳邊輕輕地說。

「你再要和女人胡鬧，小心漢民揍你。」黃翰文提醒他。

「漢民嘴硬心軟，他不會眞的揍我。」廖聲濤嬉皮笑臉地說。

「就算他不揍你，你也不能見一個愛一個。」

「說不定我在走桃花運，偏偏碰上可愛的小娘兒們。」

「我怎麼不走桃花運？」

「你臉上沒有一點邪氣，怎麼會走桃花運？」廖聲濤望着黃翰文神祕地一笑。

「怎麼他們也不走桃花運？」黃翰文指指羅璋他們。

「羅璋他們是鐵石心腸，那會有桃花運？說眞的，像你這種人，要是鬧戀愛，[illegible]會比我更危險。」

「我又不吃羊肉，怎麼會惹一身騷？」

「如果你碰上林黛玉、薛寶釵、史湘雲那類的女人，你就會掉進去爬不起來。」

黃翰文聽了一怔，隨後又說：

「我沒有談過戀愛，不知道甜酸苦辣。更不會像你一樣，見一個愛一個。」

是鐵嘴豆腐心，

正經

姐姐就是妹妹

「但願你不要遇上紅樓夢裡的那類女人。」

「現在根本不會有那種女人。任憑弱水三千，我也只取一瓢而飲。」

「糟就糟在這裡！」廖聲濤把大腿一拍：「我是韓信將兵，多多益善。而你就有點死心眼，這就危險。」

黃翰文啞然失笑，隨後故意打岔：

「這是什麼時辰日子，我們還談這種鬼事？」

「我們現在是等車，又不是上前線，爲什麼不可以談談女人？你不要上校長的當，好像一戴上抗戰的大帽子，飯也不必吃，老婆也不必討，戀愛也不必談。人又不是機器，爲什麼要那麼刻板？」

黃翰文沒作聲，只望着他笑，他又接着說：

「我可不上他的當！他嚴禁我們談戀愛，自己却偷偷地討小老婆，這不是掛羊頭賣狗肉？」

黃翰文笑了起來，他知道廖聲濤因爲和胡秀英談戀愛，記了一個大過。校長老師都不喜歡他，軍訓教官老是罵他吊兒郎當，在學校裡受了許多悶氣，現在要借機會發洩出來。

「好，我們現在不談這些問題了，」黃翰文調轉話頭說：「我問你，你到底有沒有決心投考軍校？」

「騎着驢子看唱本，到了武漢再說。」

「我們旣然一道出來，最好一致行動。」

「你哥哥是個軍人胚子，自然希望掛斜皮帶；漢民爲了早點打回東北老家，他也想穿老虎皮；以群和聶璋兩人，葫蘆裡賣的什麽藥？我不知道。挹清、你、我、是三個臭皮匠，當得上一個諸葛亮……」

「我決定和哥哥一道。」

「爲了你，我準備試試，不知道考不考得取？」廖聲濤說。他和黃翰文的情感很好，他的功課不如黃翰文和許挹清，黃翰文和許挹清常常包辦前三名，他在學校裡只求及格，不肯用功，每逢考試他總有點躭心。

「我想不會有什麽問題。」黃翰文安慰他說。

「除非你能扛槍？」廖聲濤向黃翰文一笑。

在學校裡遇到緊要關頭，他常常以摸鼻子爲號，向黃翰文求救。

「怎麽，你們打日本人？」胡以羣醒來，沒頭沒腦地問。

黃翰文和廖聲濤笑了起來，胡以羣明白是怎麽一回事後，抓抓後腦殼：

「怎麽車還沒開？我眞想洗個澡，身上做豆豉味。」

「如果你剛脫衣服車子就開了那怎裡辦？你能光着屁股上車？」廖聲濤笑着問。

「我去問問站長，到底什麼時候開？」胡以偉站起來伸伸懶腰說。

他去了一會，馬上跑回來，對睡着的人大叫：

「車快要開了！趕快起來！」

於是大家一窩蜂地湧上車去。

第三章　老闆抱頭哭飯舖　紅漆木盆是嫁妝

車到株州時天已大亮。

株州是粵漢湘贛兩鐵路的交叉點，是一個大站。這裡的車輛很多，人也特別擁擠、吵鬧。他們的車子不再繼續向前開，要去武漢只有另外換車了。

他們和李子平夫婦下車之後，走到附近一家飯館休息。這家飯館也是戰時建築，小本經營，老闆兼夥計。他的女兒幫着跑堂，她是個十五六歲的小姑娘，背後拖着一條烏黑的大辮子，臉蛋又紅又白，活潑健康，熱情大方。

「小姑娘，妳今年幾歲了？」李子平的太太很喜歡她，捉住她的手親切地問。

「十六。」她大方地回答。

「有婆家沒有？」李太太笑問。

她笑着搖搖頭，辮子像條馬尾巴，左右搖擺。

「做我的女兒好不好？」李太太湊近她的臉上問。

「我這個滿妹仔很野，只怕您老人家不要。」老闆客氣地說。

「那裡話來？我是苦命，那有這麽好的福氣？」李太太慨嘆地說。

「太太，這年頭兵荒馬亂，多一尊佛多一爐香，多一個人多一個包袱，越簡單越好。」老闆安慰李太太。

「老板，您有幾個孩子？」

「八個。」老闆用食指和大姆指作了一個手勢。

「幾位公子，幾位小姐？」

「五男三女。」

「好福氣，好福氣！」

「太太，前一拂，後一拂，老鴉啄背心骨。」老闆抹了幾下桌子突然停手：「我三個大兒子都去當兵，只留下兩個小的三個妹仔，一家七張嘴，都要啃我這根老骨頭，這不是黃蓮命？」

「無湘不成軍，軍隊是你們湖南人的天下。俗話說三粒胡椒總有一粒辣，你三位公子總有個把出頭，那時你就是老太爺了。」李子平說。

「唉，我不想作老太爺，只希望他們能平安回來，就算祖上有德。」老闆用抹布擦擦額上的汗。

「老板，你的生意好不好？」黃翰文問。

「現在兵荒馬亂，來往的客人多，生意倒馬馬虎虎。」老闆又瞇開眼笑。

「一天能賺多少？」李太太問。

「針秒上削鐵，本小利微，不過三幾塊錢。」

「這就很不錯，比種田強得多。」

「太太，這種生意不是天長地久的，飛機下個『蛋』，就人仰馬翻。風吹犂尾巴不倒，那有太平日子種田穩當？」老闆的話剛說完，掌廚的就把鐵瓢在鍋沿上敲得噹噹響，老闆和女兒像風車般地轉過去，把菜端了上來。

大盤，小盤，長筷子，三四兩重的大塊肉，和辣得人眼淚直流的尖辣椒，是這家飯館的特色。那樣大塊的豬肉，李太太夾起來又放下，最後李子平挑了一點瘦肉給她。廖聲濤和劉漢民却最喜歡，他們吃了好幾塊，廖聲濤嘴饞，不知道那青青的尖辣椒的厲害，吃肉膩了嘴，就夾起一個尖辣椒放進嘴裡大嚼，立刻兩眉一皺，辣得哇哇叫，眼淚也流了出來。

「湖南騾子的性子躁，湖南辣椒也這麽厲害！」他伸伸舌頭搖搖頭。

「辣椒又不是豬肉，誰叫你這麽饞？」黃翰文說。

廖聲濤嘴裡噝噝地叫，老闆的女兒看了忍不住噗嗤一笑。他看見她笑，向她做了一個鬼臉，她笑得更厲害，雙手捧着肚皮，彎着腰站不起來。

「滿妹仔，在客人面前怎麽還麽傻笑？」老闆沉聲喝叱她。

「這只怪廖先生不好，故意逗她笑。」李太太愛憐地望着老闆的女兒說。

「她的辣椒辣痛了我的嘴，我也要笑痛她的肚子。」廖聲濤嬉皮笑臉地說。

老闆也被他逗得笑了起來。

老闆的女兒忍住笑，慢慢地伸直腰，指着廖聲濤呶呶小嘴：

「這位客人最壞！」

廖聲濤仍然得意地笑着。

吃完飯，劉漢民、黃翰君兩人便去站長室打聽去武昌的火車，站上的人告訴他們說，十點半有一班慢車，他們只好等這班車。

現在距離開車的時間還有兩個鐘頭，他們已經三四天沒有洗澡，附近又沒有澡堂，他們和老闆商量，借他的小房間洗個冷水澡，老闆很義氣，欣然同意。

老闆的女兒把她自己洗澡的木盆拿給李太太洗，把她父親洗澡的木盆給李子平洗。她還特別對大家說明：

「那個大木盆是我父親用的，那個小的紅漆木盆是我用的，男女要分清，不要壞了規矩。」

李子平夫婦洗完之後，胡以羣、蘇璋、廖聲濤三人搶着先洗，誰也不肯讓誰。後來廖聲濤提議，用猜拳的方法來決定次序，結果蘇璋第一，胡以羣第二，廖聲濤第三。

「眞倒楣，平時他們是我手下的敗將，現在反而讓他們搶了先。」廖聲濤搖搖頭說。

「你們眞是活寶！」劉漢民指着廖聲濤說：「洗澡也要搶，不怕人家笑話。」

「身上一層油，膩得難過，管它那麼多。」廖聲濤摸摸鬍子說。

「如果是你一個人，我們決不給你洗。」老闆的女兒指着廖聲濤嘟着嘴說。

「老板娘子，我也沒得罪妳，爲什麼不給我洗？」廖聲濤向她擠眉弄眼。

「滾你的蛋！那個是老板娘子？」她兩隻大眼睛向廖聲濤一瞪。「你這人最壞！」

「我最好，」廖聲濤指着自己的鼻尖，又指着劉漢民說：「他最壞。」

她噗嗤一笑，用手指着廖聲濤：

「你眞壞死了！」

廖聲濤得意地大笑起來。劉漢民笑着罵他：

「你這小子眞不是東西。」

輪到廖聲濤洗的時候，他故意把那個紅漆木盆提進房去。老闆的女兒看見了連忙趕過去在他背上搥了一拳：

「你這人怎麽搞的？」

廖聲濤回過頭來，賭氣地對她說：

「老板娘子，我也是女人，我當然要用女人的洗澡盆。」

她又在他背上狠狠地搥了一下，趁勢便把木盆奪了過來。

大家看了好笑，廖聲濤這纔關起門來。

正當他在盆裡洗得唏哩嘩啦的時候，忽然拉起警報，老闆忙着上舖板，大家催廖聲濤快走，他身上的水都沒擦，就匆匆忙忙地穿了衣服跑出來。

老闆父女帶他們到疏散地區躲避。太陽很大，沒有洗澡的固然跑出一身汗，洗了澡的也是一身汗，李太太說這個澡是白洗了。

李太太的身體不大好，跑得直喘氣，臉色發青發白。老闆的女兒牽着她，這小姑娘的臉色眞好看，一跑步就成了玫瑰色。她跑得輕鬆愉快，不像李太太那麼上氣不接下氣。

他們在一個小山坡上的樹林裡停了下來，這裡已經麕集了不少人了。

車站附近的人幾乎走光了，遠遠望去，只有幾個路警和員工在月台上來往巡視，火車在大太陽底下像一條黑色的死蛇，僵硬地臥着不動。鐵軌像兩根黑線，平行地向遠處伸展。

在樹林裡躲警報的人有的高談闊論；有的躺在地上翹起二郎腿，把草帽覆在臉上睡覺；還有四個人湊在一起摸紙牌；有的在走象棋；孩子們多半吵吵鬧鬧；有的婦人解開胸膛餵奶；眞是形形色色的大千世界。

老闆的女兒和李太太玩得很親熱，老闆和李子平也很談得來，廖聲濤又和胡以羣、蕭璋猜拳，輸了的打下手心，廖聲濤贏的多輸的少，當他輸的時候他們打他的手心打得很重。有一次蕭璋打的太重，他起了火，兩人幾乎打了起來。劉漢民走到中間，兩手左右一分，他們都不自主地後退兩步。

「又不是三歲的孩子，玩不起就不要玩。」劉漢民望着他們兩人說。

廖聲濤望着蕭璋一聲不響，蕭璋的三角眼望着廖聲濤却很陰沉。

胡以羣走過來拉着蕭璋說：

「走，我們到那邊去看象棋。」

聶瑋用眼角瞄了廖聲濤一眼，就和胡以羣一道轉到一棵樅樹腳下去看象棋了。

突然傳來嗡嗡的機聲，有人大聲叫喊：

「飛機來了！飛機來了！」

樹林中馬上一片肅靜。過了一會便發現三架飛機向株州上空飛來，三架飛機成一路縱隊，先後投了三枚炸彈，噓噓的聲音尖銳刺耳，接着是三聲巨響，三股濃煙。敵機飛過株州上空之後，又調轉頭來，再投三枚炸彈，又是三聲巨響，三股濃煙。

飛機循原路飛走，沒有再飛回來。於是大家議論紛紛。住在車站附近的人都躭心自己的房屋被炸。黃翰君他們却躭心車站和鐵路損壞，延誤行期。

有些人不等警報解除就急着回家，飯舖老闆和他女兒也提着小布袋要走，李子平夫婦和黃翰君他們也只好跟着走了。

車站、車廂、鐵路都沒有損壞。炸毀的都是民房。老闆的女兒忽然驚叫一聲跑了過去，老闆也急急忙忙向前跑，原來他的飯舖炸毀了。

大家圍攏過來，老闆蹲在瓦礫堆上抱頭哭泣，他女兒夾着「湖南飯舖」的招牌，望着壓得稀爛的紅漆木盆發呆。

他們湊了一點錢交給老闆表示一點心意，老闆不肯接受，最後只好給他女兒。

原定十點半到站的火車延到下午三點半才到，開車之前，老闆的女兒抱了好幾盒點心從窗口塞給他們，他們再三推辭，她紅着臉生氣地說：

「各位是不是嫌少？」

他們只好接受，對她道謝一番。

她和李太太有點依依不捨，李太太從窗口伸出手來摸摸她的頭，和她親切地談話。廖聲濤悄悄地從後面捉住她的辮子笑着說：

「好大的黃牛尾巴！」

她回過頭來把手一揚，廖聲濤連忙撒手，把頭縮進車廂。

「和我們一道去武漢好不好？」李太太問她。

「明天我要下鄉。」她捏着辮子說。

「爲什麼？」

「爹說城裡危險。」

「飯舖不開了？」

「偷雞不着蝕把米，飯舖纔開三個月就炸光了，爹好傷心，所以他不來送你們。」

「不要客氣，妳來了我心裡就很高興。」李太太又摸摸她的頭。

忽然汽笛尖銳地叫了一聲，她本能地退後一步，廖聲濤從窗口伸出頭來，向她伸出右手，她沒有理會。車子開動之後，廖聲濤向她做個鬼臉：

「滿妹仔，不要難過，妳出嫁的時候，我一定送妳一個漂亮的紅漆腳盆。」

她迅速地蹲下身去檢起一個石子，舉起手來作勢投擲，石子並沒有出手，她悵惘地望着車子嗚嗚地離去。

第四章　汨羅站成生死緣　武昌城變瓦礫堆

車子在長沙停了一夜，第二天上午九點纔開。在長沙上了不少客人，車廂裡面擠得喘不過氣來，車頂也坐滿了人，甚至火車頭前面也坐了人。人，人，到處是人！

車到汨羅已經兩點多鐘。汨羅站不大，人却很多，車上雖然無法再擠，還有很多人要爬上來。

「今天從車頂上摔死了好幾個人，還沒有收屍，你們不要把自己的生命當兒戲！」站長指着前面鐵軌旁邊躺着的屍體警告車頂上的人說：

接着他又說明空中有一道橫的電線，離車頂不到兩尺，那些屍體就是被那道電線刷下來的。

站長警告之後，有幾個胆小的人爬了下來，接着又有更多的人爬了上去，那幾個爬下來的人看見別人上去，他們又調轉頭來再往上爬，車頂上的人越來越多，幾乎每一節車廂頂上都坐滿了人，有難民，流亡學生，也有士兵。站長搖搖頭走了。

車子開動之後，機警的人馬上把頭低下來，或是躺着不動，大意的人就倒楣了，又摔下了兩個。

當那兩個人從車頂上摔下的時候，大家不約而同地啊了一聲，眼巴巴地看着他們摔下去。李太太連忙用雙手蒙住眼睛，過後又拍拍胸口，半天講不出話來，臉色更加蒼白。

「寧作太平狗，莫作亂世人。」李子平感慨地說。

「他們怎麼這樣性急？多等幾班車子也不要緊。」李太太說。

「妳真是飽人不知餓人饑，如果我們兩人不是他們幾位老弟幫忙，現在還不是丟在株州？不知道那天能走？看妳急不急？」李子平望着太太說。

李太太感激地望望黃翰君他們，自南昌上車之後，一路上都得到他們的照顧，他們身手矯捷，行李又少，處處能搶先，給了李子平夫婦不少方便，他們的青春氣息也使李子平夫婦心情開朗了許多。

「我是說這樣死得太寃枉。」李太太向丈夫說：「這麽個三伏天，死在路邊還沒有人收屍，他們也是人生父母養的。」

「一樣生人百樣死，這種亂世誰也說不定會怎樣死的？那幾個摔死的人不也和我們一樣想起到武漢？」

「唉！別說了，你這人眞是——」李太太白了丈夫一眼，幽幽地嘆口氣。

「閻王有本生死簿，在數的難逃，妳忌諱個什麽？」李子平望了太太一眼。

「照你這樣說連警報也不必躲了？爲什麽一放警報你就夾起尾巴逃跑？」李太太撇了一下小嘴。

李子平的臉微微一紅，儘管自己嘴巴硬，不忌諱死，可是一聽見警報，心裡就慌，跑得比任何人都快，連太太也不顧了。

「逃總歸要逃，逃不逃得掉？那只有閻王老子知道。」李子平搖搖白紙扇自解地說。

李太太沒有再搭腔，她從腋下抽出一條小手帕來擦汗，天氣實在太熱，她雖然很瘦弱，額上的汗珠還是涔涔而下。

黃翰君他們都是穿的汗衫背心，連襯衣也脫了下來，他們血氣方剛，更是揮汗如雨。

太陽下山以後，天氣纔稍微涼快一點，死氣沉沉的車廂開始有點生氣，人也不再木頭木腦了。

午夜兩點，車抵岳陽。

「眞是慢車。」劉漢民翻了一下袖珍地圖馬上闔攏。

岳陽是個大站，叫賣的小販很多，賣鹽茶鷄蛋的在列車中間穿來穿去，他們買了一些充饑。

到武昌後，他們在小朝街找了一家旅館住下。

「今天要痛痛快快地洗個澡，好好休息一下，天大的事明天再說。」李子平說，顯然他很疲憊，臉上的肌肉已經鬆弛下來。

李太太連話也不願講，獨自歪在床上休息，她已經五六天沒有躺下休息了。

這家旅館沒有澡池設備，只預備了兩個漂亮的紅漆脚盆供旅客洗澡，廖聲濤一看見紅漆脚盆就對黃翰文說：

「看見這個紅漆脚盆我就想起株州那個小姑娘。」

「那小姑娘的確有意思。」黃翰文笑着說。

「那隻脚盆炸掉了她很傷心，你知道那是什麼原因？」

「因爲那是她的嫁粧。」

「我也這樣想，所以我對她說等她出嫁的時候一定送她一隻紅漆脚盆。」

「你這是開黃腔，你知道她什麼時候出嫁？她出嫁的時候你又在什麼地方？你又怎麼找得到她？」

「即使是[redacted]，我這樣說說她心裡也許好過些？」

「如果不是車子開得快，她準會賞你一鵝卵石。」

「你想錯了，她做夢還會念着我。」廖聲濤擠眉弄眼地說。

這夜大家都洗了一個痛快的澡。床舖又柔軟舒適，算是睡了一個好覺。

第二天黃翰文最先起來，他把他們幾個人一一叫起，廖聲濤却不願起來。

「你有福不會享，早晨涼快多好睡？」他埋怨黃翰文。

「明天截止報名，今天是最後一天，應該把握機會。」

「時間多的是，何必這麼急驚風？」廖聲濤翻了一個身面朝裡睡了。

「如果放警報怎麼辦？上午一個警報，下午一個警報，不就完了？」黃翰文拉着他說。

「眞是皇帝不急急壞了太監，那有這麼巧的事兒？」廖聲濤十分不情願地坐了起來。

「睡覺的時間多，報名的時間少，眞是急驚風偏偏遇上了你這個慢郎中。」黃翰文從牆脚下檢起一雙皮鞋遞給廖聲濤。

廖聲濤接過皮鞋雙脚統了進去，帶子也不繫好，就和黃翰文一道去洗臉。

他們離開旅館時，李子平夫婦還沒有起來，廖聲濤朝他們的房間做了一個鬼臉，胡以羣笑着說：

「他們好幾天沒有親熱，這也難怪。」

「你這小子好像很內行。」劉漢民笑着接腔。

「看你這麼大個塊頭，連這種事兒也不懂，還當我們的龍頭？」胡以羣調侃劉漢民。

「誰像你這小子成天動歪腦筋？」劉漢民有點赧然。

「這算什麼歪腦筋？男人和女人在一塊，還不是那回事兒？」

「你這小子眞是老油條。」

「你不知道我一夜沒有睡覺？」

「你做賊？」

「我隔壁房間的那個客人，叫了一個姑娘窮開心，鬧了一夜，眞他媽的害人！」

「你沒有想法子對付他？」廖聲濤問。

「他叫起忘八犯夜，我還會讓他開心？」胡以羣得意地說。

「你能咬他的鳥？」廖聲濤寶氣地說。

「我挺板壁，初一一下，十五一下，我不能睡，他小舅子也別關心。」

他們一路談談笑笑，在巷口一家燒餅店停了下來。吃過豆漿燒餅油條，纔去報名。

他們到達報名處的時候已經有好多人擠在那裡，大都是河北、河南、山東、江蘇、浙江、安徽、江西各省的流亡學生，都是二十左右的年紀，有的像公子哥兒，有的非常狼狽。

他們幾個人由劉漢民開路，擠了進去，蔣璋的個子最小，他不願擠，對於投考軍校，他好像不大熱心，黃翰君怕他報不上名，拉着他往裡面擠。

當黃翰君剛辦好了報名手續，警報就嗚——嗚——地響了，許多人一哄而散。蔣璋也想走，黃翰君一把拉住他，又搶過他的證件，往那個中尉面前一塞：

「對不起，這是最後一個，請幫幫忙。」

那中尉有點心慌，黃翰君又安慰他說：

「不要緊，剛放空襲警報。」

中尉匆匆地把證件看了一眼，登了記，發了一張准考證，拎起皮包拔腿就跑。

他們向蛇山那個方向跑，人像潮水一樣向前湧，蔣璋擠不上前，也跑不動，黃翰君和劉漢民兩人拉着他跑，他們剛跑到蛇山腳下，緊急警報就像殺猪般吼叫起來。

少數防空洞被先到的人塞滿了，他們只好往山上跑，伏在樹脚下躲避。

劉漢民關心大家的安全，他向周圍張望了一下，不見廖聲濤，有點不放心，問旁邊的黃翰文：

「廖聲濤呢？是不是開小差了？」

「他在那邊。」黃翰文用手一指。

劉漢民發現他正伏在地上和一個漂亮的少婦談笑，劉漢民輕輕地罵了一聲：

「這小子眞是色胆包天！」

就在這時候，一種特別沉重的嗡嗡的機聲，遠遠傳來，這聲音他們從來沒有聽過，加深了死亡的威脅，終於有人驚叫起來：

「二十七架！二十七架！」

高射砲隨即咚咚地響了起來，一顆顆砲彈在飛機的前後左右爆炸，冒出一朵朵白煙。炸彈在强烈的陽光照射之下，變成銀色的大冰雹，噓噓地掉下來，接着是震耳欲聾的轟轟轟的巨響，他們伏在地上身子都被震動了，飛機飛過的那一條線的房屋，冒起一團團濃煙，接着是一團團的大火，猛烈地燃燒。

第一批飛機過去不久，第二批又接踵而來。又是二十七架！

老太太們跪在地上，雙手合在胸前，閉着眼睛喃喃地唸阿彌陀佛。剛纔還和廖聲濤說笑的那個漂亮的少婦，駭得縮成一團。當飛機向他們這個方向飛來，炸彈向他們這個方向箭一般地斜射過來時，很多人的牙齒都在咯咯響，阿彌陀佛之聲也變成斷續的囈語，有些人把頭向草叢裡鑽，身子像彈琵琶樣不住地顫抖。

炸彈如雨般地落下！………

地在震動………

房屋在坍塌，燃燒………

人在死亡………

高射砲在咚咚地響………

第二批過去不久，第三批又來了，又是二十七架！

三批飛機耕耘式的轟炸，使武昌城變成了一座火海，天空彌漫着濃煙。蛇山也落了炸彈，血腥混合着火藥味，令人作嘔。

警報一解除，他們便匆匆地趕回旅館，一路上到處是頹牆殘瓦，倒下去的電線桿和房屋樑柱，阻塞了交通，他們東拐西彎，走到了旅館，旅館只剩一堆瓦礫，老闆不見了，一對赤裸的男女剛從瓦礫堆中挖掘出來。胡以羣認出那男的就是他隔壁的旅客，警察找來一張破蘆蓆掩蓋在他們的身上。

他們就心李子平夫婦。在瓦礫堆中找了很久，找不到他們，後來在附近一個簡陋的防空洞旁邊發現了他們兩人的屍體，和其他六具屍體擺在一塊，警察還在指揮工人繼續挖掘。

李太太的臉色比活着時更加蒼白，李子平的臉上沾滿了塵土，看來更加憂鬱了。

「他跑警報跑得最快，想不到這次還是沒有跑掉！」黃翰文望着他的屍體輕輕嘆口氣。

第五章　躲轟炸住和尚廟　遇岔路逢新文君

由於城裡太危險，他們被一位父執介紹到市郊一個和尚廟裡居住。這個廟只有一個老和尚，很清靜寬敞，而且涼爽，廟旁邊有一個堅固的防空洞，防空洞上面還有一架高射砲，住在這裡不但節省，而且比較安全。

他們簡單的行李已經炸光，現在是孑然一身，好在天氣熱，買了一身換洗的衣服和日用品，此外也不需要別的東西。

第三天，他們就參加考試，幸好這天沒有警報，大家提心吊膽地考完了。這次考試大家都覺得考得不壞，只有翡瑋的身體比較差，他身高一六〇，勉強夠標準，體重只有四十三公斤，大家都有點替他擔心。

他自己倒無所謂，對這件事他始終不怎麼熱心，完全是一副陪着公子趕考的態度。

這天晚飯後，聶璋和胡以鑾提議到漢口去玩，廖聲濤舉雙手讚成，其餘的人也想看看漢口的繁榮市面。

過江以後，他們先在大街上亂逛。他們覺得漢口比武昌繁華，人心也沒有武昌緊張，街上雖然也貼了「保衛大武漢」的紅綠標語。生意還是不壞，坐在馬車上兜風的男女，仍然悠閒自在。店舖裡的夥計們把竹床搬到街沿上乘涼，手中搖着大蒲扇，嘴裡吊根香煙，自得其樂。

在街上轉了一圈，聶璋又提議到法租界去玩，大家一致贊成，和他一道進入法租界。法國梧桐濃蔭蔽天，清靜涼爽，不像剛纔在街上逛那樣暑氣逼人。

聶璋帶他們到一棟小洋房門前停下，他自己先進去，過了一會纔和一位漂亮時髦的小姐一道出來，把他們迎接進去。

「這位是許亞琳小姐，我的親戚。」聶璋把她介紹給大家。然後又把大家一一介紹給她，她大方而親切地和每一個人握手。

這棟房子非常雅緻，裡面一塵不染，長方形的客廳佈置得像一個閱覽室，擺了許多書報雜誌，有魯迅的「阿Q正傳」，矛盾的「子夜」，巴金的「家」，和許多俄國作家的作品，以及「塞外風雲」和「二萬五千里長征」等等。

「你們想不想進抗日大學?」許亞琳和大家談得非常投機,忽然響起銀鈴似的聲音問。

「我們考了軍校。」黃翰君答。

「考了軍校照樣可以去抗大。」她笑着說。

「抗大要不要考?」廖聲濤問。

「由我們這裡介紹過去,就不必考。」她笑着向廖聲濤解釋,一對大眼睛水汪汪的。「而且還不必自己出路費。」

「延安太遠。」劉漢民搖搖頭。

「沒有關係,」她向劉漢民一笑:「路上一切由我們負責,你這麼大的人了,還怕路遠山遙?」

「妳去過沒有?」廖聲濤笑着問她。

「我還沒有去過。」她轉向廖聲濤:「如果你們都去,我也願意陪你們一道去。」

「有沒有人去?」廖聲濤又問。

「有,而且很多。」她點點頭:「昨天就去了十幾個,他們都是最優秀的同學。」

「男的還是女的?」

「男女都有。」

廖聲濤聽說有女的不覺欣然色喜。她馬上向他嫵媚地一笑，同時走近一點，輕輕地說：

「後天有五位女同學去，廖同學如果想去，可以和她們一道動身。」

廖聲濤望了大家一眼，誰也沒有作聲，他馬上回過頭來對她說：

「這問題我看過幾天再決定好了，因爲蘇璋同學事先沒有和我們談過，我們根本不知道有抗日大學？一時不好決定。」

「好的，」她點頭一笑：「你們多考慮兩天好了，抗大的門始終是爲愛國抗日的優秀青年敞開的。」

說完她又笑着轉向劉漢民：

「剛纔你說延安路遠，其實從延安到東北比從漢口到東北近得多，而且那邊有不少的東北老鄉，他們都想打回老家去。」

「每一個東北人那希望打回老家去，但是從什麼地方打回去？現在我還看不出來。自然我希望那兒的老鄉有辦法，能早點回去總是好的，我們在關內實在太久了！我投考軍校，就是希望早點拿槍桿打回老家去！」劉漢民只要有人和他談起東北老家，他的話就自然多了起來。

「你們東北老鄉都是愛國抗日的。」她特別提高嗓子說：「前幾天有一位很優秀的東北同學，跑到我們這兒來要我們介紹他去，結果如願以償。昨天動身，現在可能過鄭州了。」

「許小姐，這本書多少錢？」黃翰君故意舉起一本書打岔。她以非常輕盈的舞步，飄到黃翰君的身邊，故意接過書來看看價目，然後抬起頭來向黃翰君甜蜜地一笑：

「這本書定價三毛，是我們專給大家看的，如果黃同學喜歡這本書，我可以奉送，明天再上街去買。」

「不必客氣了，」黃翰君向她露齒微笑：「等會我順便去書店買好了。」

「沒關係嘛！我們樂意替同學服務，一本書算什麼？何必見外？」

說着說着她已經熟練地把書包了起來向黃翰君手上塞，黃翰君反而有點不好意思起來。

「另外，我還要送每位同學一本書。」她迅速地轉過身來，伸出右手的食指對大家說。隨後就在書架上拿了幾本「二萬五千里長征記」，一一送到每個人的手上。

大家向她說聲謝謝，她笑著連忙搖手：

「不用謝了，不用謝了。你們初來，我沒有好好地招待，請原諒我服務不週。以後歡迎常來，我最喜歡和同學們談談笑笑。」

「許小姐整天都在這裡？」廖聲濤問。

「經常在，」她向廖聲濤點頭微笑：「如果我偶爾出去一下，還有一位王小姐，你們隨時都可以找到人，決不會吃閉門羹。」

說到最後她又嫵媚地一笑，露出兩個小小的酒窩。

「好的，今天我們不再打擾，以後有機會再來。」劉漢民看著火車錶說。

她殷勤地送大家出來，陪着大家在法國梧桐底下漫步，隨意談笑，她穿着白衣黑裙，走在大衆中間，態度自然，脫俗大方。

走到巷口時她纔和大家道別：

「對不起，我不能送諸位過江，以後歡迎常來。」

他們似乎有點戀戀不捨，你看看我，我看看你，最後還是劉漢民看看火車錶，黃翰君拔脚先走，大家纔慢慢移動脚步。

她慢慢地揮手，慢慢地後退，風姿優美極了，大家幾次停住，不想離去。

上了輪船以後，他們纔如夢初醒，只有聶璋始終冷靜。

「聶璋，你在漢口有這樣一個親戚，怎麼不早講？」廖聲濤拉着他問。

聶璋漫不經意地說：

「原先我不能確定她在不在漢口，今天是順便看看。」

「她和你是什麼親戚？」黃翰君接着問。

「姨表親，沒有什麼了不起。」聶璋淡淡地回答。

「看樣子她還像個學生。」劉漢民說。

「本來她在武大唸外文，爲了抗日，她情願放棄學業。」

「那很可惜！」黃翰文和許挹淸異口同聲地說。

「她是一個了不起的女性，她的思想很前進。」羅璋讚揚地說。

胡以羣點點頭，其他的人沒有作聲，他們說不出是惋惜還是崇敬？只望着滾滾的江水出神。

回到武昌以後，大家心裡彷彿長了個疙瘩。炸毀的房屋還沒有清理好，路燈也沒有恢復，光線暗淡，路邊停了不少的白木棺材，棺材前面紙灰餘燼未滅，瓦礫中有一股屍臭，大家有點胆怯，都想走在中間，廖聲濤更抓着劉漢民的手往中間擠。

經過那家夷爲平地的旅館時，大家忽然想起李子平夫婦，也想起那位荒唐慘死的旅客。胡以羣想起那天夜晚搥板壁和他作對的事不免有點歉然。

爲了壯胆，胡以羣首先唱起「大刀向鬼子頭上砍去」的歌來，大家跟着他唱，一直唱到住的地方。

「掃興！我們眞像進了酆都城，這段夜路鬼都打得死人！」廖聲濤搖搖頭：「那纔在法租界多有意思？」

「你想許亞琳是不是？」黃翰文笑着問他。

廖聲濤向黃翰文把眼角一擠，做了一個怪相。

「小子，這次你可要特別當心。」劉漢民指着廖聲濤說：「我看許亞琳不是一個簡單的女人。」

第六章　一人過武尋樂趣　兩個呆瓜未入流

除了黃翰君和劉漢民避免和許亞琳見面以外，其他的人都愛跑法租界，聶瑋、廖聲濤、胡以羣三人跑得更勤。聶瑋總是和胡以羣一道，廖聲濤却藉故單獨出去。

一天下午，他去許亞琳那裡，她正在樓上和幾對青年男女開留聲機跳舞，許亞琳看見他來了輕盈地跑到樓梯口，伸出雙手歡迎，他一踏上樓許亞琳就把雙手搭在他的肩上，滿面笑容地問：

「跳不跳舞？」

「我不會，」廖聲濤搖搖頭說：「妳教我？」

「只要你喜歡我一定教你。」她一臉甜笑，隨即把他拉過去，和那幾對青年男女認識。他是見面熟，很快地就和他們混在一起。

「他們後天去延安，你到底怎樣？」許亞琳教他跳過慢四步之後，把他拉在一邊，輕輕地問。

「等放榜以後再說。」他回答。

「其實你不必等放榜，我保證你順利進入抗大。」她又把雙手放在他的肩上。

「不是我一個人的問題。」他搖搖頭。

「我知道，」他笑着點點頭：「你們是好同學，你不願意千里走單騎是不是？」

他向她一笑，握着她白嫩的手臂說：

「假如我沒有考取，那就有個好藉口了。」

「好的，我不勉強你，我只是指給你一條抗日救國的大路。」

「對，許同志的話對，廖同學，我們要抗日救國，只有到陝北去！」一位頭髮蓄得很長，臉色蒼白的青年走過來，帶着幾分衝動地說。

「你也到延安去？」廖聲濤看他一副浪漫詩人的派頭，懷疑地問。

「嗯，」他輕快地點點頭，頭髮馬上掉了下來：「後天就去。」

「聽說延安很苦？你吃得消？」

「那是小布爾喬亞的想法，」他拂了一下頭髮驕傲地回答：「即使眞苦，有了抗日救國的熱情，也會挺得下去。」

「楊同學的身體雖然不算頂好，他的抗日情緒却很高。」許亞琳說。

「我看充其量也不過是一種小布爾喬亞的情緒。」廖聲濤狂放地望了他一眼。

「你混蛋！你侮辱人！」他像一隻激怒的公雞，突然掄臂而前，破口大罵：「老子揍你！」

許亞琳連忙把他攔住，嬌嗔地說：

「楊樺，好好地你發什麼脾氣？」

「這小子太混蛋，他自己沒有勇氣去延安，還輕視別人？」他指着廖聲濤說。

「廖同學，」許亞琳轉過身來向廖聲濤討好地一笑：「你是不是眞沒有勇氣去？」

「妳是不是指吹牛的勇氣？」廖聲濤向她嬉皮笑臉。「我吹牛可不費力。」

「不！」她搖搖頭：「我們更重視行動，誰去延安，就表示誰有勇氣。」

廖聲濤哈哈地笑了起來，低着頭對她說：

「妳眞是個女諸葛，會用激將法，我可不是老將黃忠，你們唱什麼雙簧？」

她的臉色突變，馬上又嗤嗤的笑了起來，用食指在廖聲濤的腦殼上輕輕一戳：

「你死壞！像個小毛栗！」

廖聲濤得意地笑了，看都不看姓楊的一眼。許亞琳搖搖他說：

「別儘傻笑，我們唱個歌兒開開心好不好？」

「我是破鑼嗓子黑烏鴉，就是不會唱歌。」

「我們唱，你跟著哼哼也行，」她風情萬種地白了他一眼：「你這個聰明的笨蛋！」

他故意向她傻笑，她輕輕地哼了起來，然後用手打着拍子，笑着對大家說：「我們先唱鋤頭歌，一二三——」於是那姓楊的和其他的男女青年齊聲唱起來：

舉起鋤頭鋤野草呀
鋤去了野草好長苗呀
咿呀嗨，呀嗬嗨
鋤去了野草好長苗呀
咿呀嗨，呀嗬嗨
…………

「好，唱得好！」廖聲濤故意用力鼓掌：「可惜這漂亮的房子裡只有閒花沒有野草。」

楊機他們瞪着眼睛望着他，許亞琳轉過身來向他一笑：「你怎麼老是話中帶刺？」

「如果你們戴着麥草帽，在地裡鋤草，一面鋤，一面唱，那就非常普羅了。在洋房子裡面唱鋤頭歌，眞是牆壁上掛狗皮，算什麼畫兒？」

那姓楊的又像一隻憤怒的公鷄鼓起眼睛望着廖聲濤，許亞琳馬上挽着廖聲濤嬌嗔地說：

「你眞像一隻烏鴉呱呱叫，不會唱只會胡鬧。」

廖聲濤又傻笑起來，亦莊亦諧地說：

「我旣然是一隻討厭的烏鴉，還是早點飛過江去好。」

「你急什麼？現在還早。」許亞琳望着他說。

「對不起，我肚子裡在放警報，我想出去吃點東西。」他在她耳邊輕輕地說。

「我們六點半開飯，你就在我們這裡吃好了。」她望着他說。

「我倒不在乎一頓飯錢，」他挑逗地望着許亞琳：「如果妳單獨請客，我一定多吃兩碗。」

「你眞壞！」她輕輕地白了他一眼，轉身對那幾對男女青年說：「我和廖同學出去一下，吃飯時不必等我。」

那姓楊的青年鼓着眼睛望着廖聲濤和許亞琳一道出去。

走出那座小洋房，她馬上挽着他在林蔭道上漫步，輕輕絮語，他故意回頭望望那洋房的樓上

「那姓楊的小子好像在吃乾醋？」

「你們男人都是自作多情。」她笑吟吟地瞟他一眼。

「因爲妳們女人最會勾引。」他在她耳邊輕輕地說。

她在他手臂上打了一下，又用食指往他臉上一戳。他得意地笑了起來，過後又調侃她說：

「我看妳收容的都是些布爾喬亞，那姓楊的小子比我更布爾喬亞，沒有一點普羅味兒。」

「到延安以後自然會普羅起來。」她自信地說。

「我看那是趕鴨子上架。」廖聲濤笑着搖搖頭。

「你怎麼這樣看不起他？」她攀着他的肩膀說。

「他根本不是那塊料，只配在洋房子裡面吟風弄月。」他輕蔑地回答。

她深深地看了他一眼，奇峯突起地問。

「你的那些寶貝同學呢？」

「自然比他強！」他驕傲地回答。

「我看也有兩個書呆子。」她深深一笑。

「妳是說黃翰文和許挹清？」

她笑着點點頭。

「妳看錯了！」他馬上反駁她：「他們書讀得好是事實，黃翰文還會寫新詩呢。妳是不是看他蓄了長頭髮？一身酸氣？他能挑水弄飯，肯吃苦，肯賣力，那姓楊的小子怎麼能和他比？」

她聽得非常入神，然後又輕輕地嘆口氣：

「我們就需要這樣的同志，如果他肯進抗大，將來一定能夠成為最優秀的幹部。」

「恐怕妳會失望。」

「為什麼？」她睜大眼睛問。

「他一定能考取軍校。」

「他不想進抗大？」

「他哥哥是個軍人胚子，他們兩人一道出來，自然不會走兩條路。」

「他哥哥黃翰君我們也很歡迎。」

「黃翰君對你們毫無興趣。」

她眉毛微微一皺，眸子迅速地轉動了幾下，然後又定了定神地問廖聲濤：

「他是不是資產階級？」

「像我們這些人，不是大資產階級也多半是小布爾喬亞，」廖聲濤狂放地說：「連妳也未必是無產階級？」

她嫣然一笑，輕輕推他一下。

走出法租界，他們就很少談話。她帶他到一家湖南館子吃飯，叫了一盤大雜燴，辣椒炒子雞，炒腰花和肚片湯，這三菜一湯，非常豐富可口。廖聲濤大吃一頓，許亞琳也吃了三盌飯，她不像一般小姐裝模作樣，慢吃慢斅，本來能吃三盌，結果只吃半盌，她卻痛痛快快吃了三盌。吃完以後，廖聲濤卻搶先會了賬。

「先是你要我請客，結果你搶着會賬，你這人眞怪！」

「男人同女人一道吃飯，自然是男人會賬。我臉皮再厚也不能吃妳的。」他笑着回答。

「下次我再請你，可不准搶着會賬？」

「今天我們吃的是小布爾喬亞飯，下次你只能請我吃普羅飯好了。」他打趣地說。

她也風趣地一笑。

太陽尙未下山，他就要過江回武昌去，她挽着他說：

「還早得很，我們到江邊散散步，兜兜風。」

廖聲濤把那次深夜回去的情形告訴她，說是害怕晚上走路，她聽後格格地笑了起來：

「想不到你是銀樣蠟槍頭，還麼大的人還怕鬼？」

「我只怕男鬼，不怕女鬼。」他向她做了一個鬼臉。

她又格格地笑了。

她把他送上小火輪，站在碼頭上揮着手，對他說：

「你要他們過江來玩嘛！我身上又沒有刺，黃翰若和那位東北佬怎麼老是躲着我？」

第七章　未去租界起疑竇　輪流煮飯不甘心

「你從什麼地方來？」廖聲濤回來之後，黃翰文悄悄地問他。

「法租界。」他在黃翰文耳邊輕輕地說。

「你又去看許亞琳了？」黃翰文望着他笑。

他向黃翰文做了一個鬼臉，接着說：

「翰若，她對你印象很好，要你過江去玩。」

「我哥哥不去，我怎麼好意思一個人去？」

「你哥哥和劉漢民也眞怪？爲什麼不去法租界？」

「他們說許亞琳是個狐狸精，很會迷人，不但自己不去，剛纔還駡你。」

「罵我？」廖聲濤指着自己的鼻尖說：「這又不是什麼大不了的事，何必那麼道學氣？」

「我哥哥對麻將比對女人更有興趣。漢民的年紀大，懂得比我們多，他們不去法租界也許有道理？你不要冒冒失失。」

「蕭璋和胡以犖也天天去，為什麼不罵他們？」

「他們兩人在學校就很接近，有點鬼頭鬼腦，漢民並不喜歡他們，所以懶得過問。」

「許亞琳要我邀漢民和你哥哥過江去玩，你看怎麼辦？」廖聲濤抓抓後腦殼。

「你最好不要討罵，」黃翰文警告他：「明天該你弄飯，你自己別想去。」

廖聲濤又抓抓後腦殼，他最不願意做事，尤其是弄飯。他們自從搬到這個廟裡以後，大夥兒就自己弄飯，輪流幹，前幾天他只張着嘴吃，根本沒有考慮自己弄，明天想早點過江去，卻輪到自己弄飯，他兩眉一皺，哭喪着臉對黃翰文說：

「我不會弄飯，如果硬要我弄，我就讓大家吃生飯。」

「我教你，保險不會生。」

他猶豫了一下，忽然向黃翰文說：

「你替我弄好不好？明天我想早點出去，晚上帶五香牛肉乾來給你吃。」

「你又想偷懶？」

「不是偷懶，」他在黃翰文耳邊輕輕地說：「明天我想過江去和許亞琳玩個痛快。」

「你去和許亞琳胡鬧，要我替你弄飯？黃狗吃肉，黑狗當差，你想得好！」

廖聲濤連忙向黃翰文打躬作揖：

「翰文，幫幫忙，明天晚上我帶兩包牛肉乾，一塊醃魚給你吃好不好？」

「誰稀罕你的醃魚牛肉乾？你小心點，不要羊肉沒吃到惹一身騷。」

「你放心，痞子遇光棍，八兩半斤，何況許亞琳對我並不壞。」廖聲濤在黃翰文的肩上拍

「她未必是一片眞心？」

「你就是這麼認眞！」廖聲濤調侃黃翰文：「只要女人肯跟你玩，管她是假是眞？」

「小心陪了夫人又折兵！」

「我光棍一條，陪個大鳥！」廖聲濤嘿嘿傻笑。

他嘿嘿的笑聲，把劉漢民引了過來，他一看見劉漢民立刻忍住笑。劉漢民問他：

「小子，你玩到現在纔回來？看到羅璋和胡以羣沒有？」

「沒有，」廖聲濤連忙搖搖頭：「他們還沒有回來？」

「他們天天出去搞什麼鬼？」劉漢民自言自語，隨後又指着廖聲濤說：「明天該你弄飯，不

要出去，我看你這幾天也有點昏頭昏腦了。」

說完他逕自離開，廖聲濤向他背後作了一個鬼臉。

廖聲濤和黃翰文談了一會，便用吊桶提了一桶井水在井邊沖洗，把換下來的衣服往吊桶裡一塞，揉了幾下，提起來隨便絞絞，晾在竹桿上，懶洋洋地去睡了。

他和黃翰文、許挹清三人住在一塊，他進來時許挹清已經睡着了，黃翰文正躺在草蓆上看《二萬五千里長征記》，枕邊還有《家》，《子夜》，《阿Q正傳》，《八月的鄉村》，《駱駝祥子》，《嚴寒通紅的鼻子》，《罪與罰》，《戰爭與和平》，《羅亭》等等，有些是黃翰文自己的，有些是許挹清的。

「不要再看了，小心看成近視眼。」廖聲濤一面攤開草蓆，一面對黃翰文說。

「快看完了，只差最後兩頁。」黃翰文翻翻書又繼續看下去。

廖聲濤把蓆子舖好便往下一躺，隨手在枕邊掏出一枝煙，就着美孚燈罩口上吸起來，把右腿往弓着的左腿上一架，兩手交叉地枕在腦後，悠然自得的仰臥着。黃翰文一放下書，廖聲濤又轉過臉來問：

「翰文，到武昌以後你寫過詩沒有？」

「那首大轟炸的詩還沒有寫好，我想把它寫成一首長詩。」黃翰文說。

「今天在許亞琳那裡我看到一個半吊子詩人。」

「誰？」黃翰文關心地問：「你看過他的詩？」

「沒有，」廖聲濤搖頭一笑：「我只看過他的長頭髮。」

「你怎麼能夠斷定他是詩人？」

「從他那股酸氣就可以斷定，」廖聲濤輕蔑地說：「他還要去陝北呢！」

「眞的？」

「一點不假，另外還有好幾個。」

「奇怪？抗大不公開招生，怎麼會有那麼多人找上門去？」

「人就是這麼好奇，何況不要考試，」廖聲濤在牆上按熄了紙煙。「許亞琳還特別歡迎你呢。」

「她眞的同你談過。」黃翰文用手撐着下顎問。

「她希望我們都去。」

「到那裡去？」許挹清從睡夢中醒來，瞇着眼睛問。

「到陰間去。」廖聲濤故意逗許挹清。

「別開玩笑，」許挹清輕輕哼了一聲：「你怎麼玩到現在纔回來？」

「不是我回來遲了，是你睡得太早。」廖聲濤說。

「我看書看疲倦了，纔迷迷糊糊地睡着了。」許挹清打了一個呵欠說。

「難怪許亞琳說你們兩人是書呆子！」廖聲濤指着許挹清和黃翰文說。「到了武漢不痛快地玩玩，那眞是白朝了一趟南海。」

「白天怕警報，晚上怕鬼，何必跑東跑西？」許挹清說。

廖聲濤笑了起來，劉漢民在隔壁搥了一下板壁：

「小子，明天該你弄飯，怎麼還不睡覺？」

「放心，包你有飯吃。」廖聲濤向板壁那邊大聲地回答，又向他們兩人做鬼臉。

「現在應該睡了，太晚了起不來。」黃翰文隨口一吹，美孚燈立刻熄滅。

房間一片漆黑，不久就響起輕微的鼾聲。

第二天清早，廖聲濤悄悄地漱洗完畢，換了一件乾淨襯衣，準備溜出去。一走到門口就遇見劉漢民和黃翰文在做柔軟體操，劉漢民看見他準備出去連忙問他：

「你不弄飯到那裡去？」

「翰文替我弄飯，我有事過江去。」廖聲濤嬉皮笑臉地回答。

「你這小子眞不成話，輪到你弄飯就有事。」劉漢民指着廖聲濤的鼻子說：「你有個屁事，還不是過江去和許亞琳鬼混？」

劉漢民一下就折穿了西洋鏡，黃翰君又望着他笑，他抓抓後腦殼，做出一副愁眉苦臉的可憐相。

「你好意思要翰文替你弄飯，自己逍遙自在地跑出去玩？」劉漢民責備他。

「我不會弄。」他搖搖頭說。

「誰又會弄？誰當過伙頭軍？」劉漢民問他。

「你吃生飯可別怪我？」他知道拗不過劉漢民，只好自己轉圜，十分不樂意地搖晃着走回來。

劉漢民望着他的背影搖搖頭說：

「這小子眞不是東西。」

「他總算遇到了你這個尅星，不然我們眞治他不了！」黃翰君說。

「這小子治得好是一條龍，治不好就是一條蛇。」劉漢民一面說一面伏下身去做伏地挺身運動。

第八章　獨龍過江去陝北
大家相送到江邊

軍校招生終於放榜了，兩千多人投考，取了五百多人，他們七個人取了六個，黃翰文和許挹清還考在十名以內，只有聶瑋一人名落孫山。

大家怕聶瑋難過，自己錄取了也不敢表示十分高興，反而安慰他鼓勵他，他却無所謂地說：

「沒有什麼了不起，此處不留爺，自有留爺處。」

「你準備到什麼地方去？」許挹清和黃翰文關心地問。

「陝北！」聶瑋驕傲地回答。

「你打算進抗大？」黃翰君問。

他點點頭，然後又望着黃翰君說：

「我不想帶兵，就是考取了軍校我也不會去。」

「聽說陝北很苦？」黃翰文說。

「要抗日救國，還怕吃苦？什麼苦我都吃過，我不在乎。」他冷淡地回答。

「你的身體不好，恐怕吃不消？」劉漢民說。

「笑話！」他挑釁地望了劉漢民一眼：「有種的就跟我到陝北去！看誰吃不消？」

「別進抗大吧！我們這麼多年的同學，何必分開。」黃翰文說。

「分開來幹也好，看將來誰能出人頭地？不然，你們就和我一道進抗大！」

「你進抗大好像押寶，你相信這一寶能押中嗎？」

「我相信一定押中。」聶瑋掃了大家一眼：「你們別看現在押這邊是熱門，總有一天耗吃！」

除了胡以群沒有表示驚異以外，其餘的人都睜大眼睛望着聶瑋。

「聶瑋，我投考軍校完全是爲了打日本鬼子，好回東北老家去，不是押寶。你進抗大是不是另有打算？」劉漢民問他。

聶瑋向劉漢民皮笑肉不笑地看了一眼，然後拍拍劉漢民的肩胛說：

「這問題說來話長，也許我們以後有機會說個明白。」

「以後你在陝北，我不知道在什麼地方？也許我們永遠碰不上？」劉漢民有點擔心。

「放心，只要我們不死，總有一天會碰上的。」聶瑋握着劉漢民的手陰森森地一陣乾笑。

「你不帶兵，也許能活下去，我當軍人，可說不定那天打死？」劉漢民悲涼地說。

「那你和我一道進抗大好了，何必進軍校呢？」聶瑋抬起三角眼望着劉漢民。

「我沒有這個想法。」劉漢民用力搖頭。

「本來我們一道出來，最好一致行動，可惜聶瑋沒有考取。現在他快要和我們分手了，閒話少請，我提議打次牙祭，吃一頓團圓飯，你們贊不贊成？」黃翰君對大家說。

「贊成！」廖聲濤舉起雙手來：「我舉雙手贊成！」

大家附議，於是把聶璋簇擁到附近一家小館子裡去。聶璋個子瘦小，兩腳不着地，大家幾乎把他抬了起來。

一頓飯大家吃得面紅耳熱，聶璋喝了幾杯酒，面孔反而發青發白。

「聶璋，陝北恐怕沒有這麼好的竹葉青，我雖然不會喝酒，還是要敬你一杯。」廖聲濤站起來舉着杯子對聶璋說。

「我不在乎有沒有竹葉青，」聶璋並沒有站起來，斜睨着三角眼說：「我對酒毫無興趣，你敬我自然要喝，但是下不爲例。」

廖聲濤一仰脖子把酒喝乾了，聶璋也低着頭把酒喝乾。

「聶璋，我們這次分手，不知道那年那月纔能見面？我敬你一杯好不好？」黃翰文端着酒杯說。

「翰文，現在時代變了，我們私人的情感最好也收起來。」聶璋冷靜地望着黃翰文：「我說了下不爲例，你敬我的這杯酒我不能喝。」

「我喝一杯，你隨意好不好？」黃翰文說。

「翰文，我說一不二，要喝你自己喝好了。」

「聶璋，我並不好酒，我們同學幾年，一旦分手，不能不敬你，我先乾爲敬，你喝不喝隨你。」

黃翰文一飲而盡，聶璋碰也沒碰一下酒杯，胡以群很機靈，他怕黃翰文的面子下不去，馬上端過聶璋的杯子對黃翰文說：

「翰文，聶璋不會喝酒，我代他喝好了。」胡以群也一飲而盡，於是皆大歡喜，以後再沒有人向聶璋敬酒了。

飯後，聶璋回到廟裡整理東西，他的行李最簡單，只有隨身換洗的衣服和毛巾牙刷之類的日用品，再加上幾本書，他把這些東西統統包在一個白布包袱裡面，往腋下一夾，就準備走。大家拉他去看看守眞老和尙，辭個行，他纔把包袱放下，和大家一同走向那間小而潔靜的禪房。

守眞是一個面貌淸癯，有點仙風道骨的老和尙，平時他除在佛堂做功課，很少走出禪房，連警報也不躲，只在禪房打坐，與他們接觸的機會不多。除了聶璋和胡以群，大家對老和尙都很尊敬，老和尙對他們也很關心。

他們走到禪房門口，看見老和尙在蒲團上閉目打坐，不敢打擾，正準備悄悄退出時，老和尙却睜開眼睛向他們微笑：

「請進，請進。」

他們進去環列在老和尚面前，劉漢民代聶瑋說明了來意，只是沒有說去陝北。

「我知道你們不久都要離開，在我這裡沒有好的招待，聶同學向老衲辭行，眞不敢當！」

「我們年輕不懂事，在這裡打擾方丈，有什麽不對的地方請方丈多多包涵。」劉漢民以領隊的身份向老和尚說：「今天聶同學離開，方丈有什麽指教沒有？」

「不敢，不敢！」老和尚望着劉漢民笑笑，又望望聶瑋和每一個人，捻捻項珠，慢吞吞地說：「現在正是大難當頭，你們青年人應該爲國出力，十年以後，中國的命運就抓在你們手裡，那時老衲說不定早已脫離苦海。不過，我要奉勸諸位：心存忠厚，慈悲爲懷。兵凶器危，不要妄動殺機，不然刼數就無了日。我佛慈悲，但願諸位都能逃出這場大刼。」

「謝謝方丈的金言。」

聶瑋却揚長而出。

大家出來之後，老和尚深深地唸了一聲「阿彌陀佛」。

「簡直是廢人廢話！」聶瑋挾起白布包袱冷笑一聲。

大家把他送出廟門，黃翰文問他：

「你怎麽說老和尚講的是廢話？」

「不但是廢話，他簡直是個廢人！」聶瑋憤慨地說，他的面孔更白更青。「他活在世上完全是糟蹋糧食！」

「他幾十歲的人了，能吃多少？」劉漢民說。

「他又能生產多少？」聶瑋反問劉漢民。

「他生活清苦，又是那麼大一把年紀，中國再窮也不窮在他一個人身上。」

「像他這種廢物，」聶瑋瞪着劉漢民：「早該作肥料！」

「聶瑋，你這話太過火了！」黃翰文說。

「過火？」他又瞪着黃翰文：「這種老不死的人，全是造糞機器，最後還要找他一副棺材，一塊地皮，這算是那門子經濟？」

大家瞠目結舌地望着他，不知道怎麼回答？也沒有想到他怎麼會說出這種話？

「聶瑋，照你這樣說，老年人都統統該死？」劉漢民問。

「不但老年人該死，和尚、道士、尼姑，一切不事生產的廢物，統統該死！」聶瑋斬釘截鐵地回答。

「那中國人要死掉一半了？」許挹清驚駭地望着他。

「只有這些廢物都死掉，中國纔有辦法。」

「他們不死，難道硬把他們殺掉？」黃翰文問。

「不一定要殺，」聶璋輕鬆地說：「自然有辦法要他們死。」

「這太殘忍了！」許挹清睜大眼睛望他。

「殘忍？」聶璋乾笑起來：「項羽在城樓要烹劉邦的父母，劉邦在城下對項羽說：『請分我一杯羹。』劉邦終於滅楚興漢，得了天下，誰敢說劉邦殘忍？」

許挹清啞口無言。

「聶璋，我們不要以成敗論英雄，」黃翰文說：「孔夫子說：行一不義，殺一無辜，雖得天下而不為也。」

聶璋冷笑一聲，三角眼斜睨着黃翰文：

「你一腦子孔老二思想，還想當軍人？」

胡以群馬上打圓場：

「大家好同學，平時和和氣氣，分別時怎麼反而抬槓？該打，該打。」說着他在聶璋和黃翰文的肩上輕輕拍了兩下，空氣頓時輕鬆起來。

太陽很大，天氣很熱，大家晒得滿頭大汗，臉孔通紅。廖聲濤兩眉皺在一起，一臉孔哭笑不得的樣子，終於他向大家提議：

「我們坐黃包車好不好？」

別人都同意，聶璋却望着廖聲濤說：

「這點太陽，這點路，你就怕，還當什麼軍人？」

「現在還不是軍人，[illegible]爲什麼不可以坐車？」廖聲濤說。

「[illegible]你坐好了，我可不擺那種小布爾喬亞的臭架子。」

聶璋這樣說，別人都不好意思叫車，廖聲濤只好苦笑地搖搖頭。如果不是送別，他眞要一個人跳上車了。

黃翰若看見聶璋夾着一個白布包袱有點吃力，走得滿頭大汗，走過去對他說：

「我替你拿。」

「不要緊，我拿得動。」他咬咬牙說。

他們沿着馬路邊沿走，有時屋簷下有點陰，他們就在陰處魚貫行進。

到達江邊時，大家的襯衫都濕透了，臉孔曬得像煮熟了的紅蝦，聶璋額上的青筋都暴露起來，像一條條剛出土的蚯蚓。廖聲濤一面揩汗，一面搖頭，聶璋不揩汗，也不搖頭，卻緊閉着薄薄的嘴唇。

碼頭上的人很多，都等着過江，小火輪的容量有限，剛纔開走了一船，還沒有載走三分之一，碼頭上的人，心情都很緊張，萬一遇上了警報那就糟了。

聶璋要大家回去，大家說就是不送他到漢口也要送他上船，這次總算他沒有堅持自己的意見。

漢口那邊開來的小火輪費了很大的勁，化了很久的時間纔靠上碼頭，那邊的人還沒有下完，這邊的人就一擁而上，聶璋的個子小，氣力不濟，擠不過人家，胡以群接過他的包袱，劉漢民挾着他替他開路，纔算擠了上去。

胡以群站在船頭上向大家搖手：

「你們不必送，我代表好了。」

聶璋也揮揮手向大家微笑，他皮笑肉不笑，連嘴巴都沒有張開一下。

船離岸一百多公尺，就迅速地往下流，雖然船頭向上，屁股推動的浪花很大，整個船身還是順流而下。

大家悵然地望着小火輪漸去漸遠，愈流愈下，心裡有一種說不出來的感觸，劉漢民忽然嘆了一口氣：

「聶璋終於走上了這條路！」

第九章　不女不男無興趣　亦真亦假赴陽台

第二天下午，廖聲濤又偷偷地溜到法租界來，許亞琳一看見他就笑臉相迎，非常親暱。

「聶瑋呢？」廖聲濤捉住她的手問：「走了沒有？」

「走了。」她點點頭。

「什麼時候走的？」

「今天清早。」

「怎麼這樣快？」

「正月初一拜年，趕大夥兒。」

「是不是和那個姓楊的一道？」

「你是說楊樺嗎？」她嬌媚地偏着頭問。

廖聲濤點點頭。

「對，聶瑋和楊樺他們一道走了，聶瑋還是領隊呢。」她得意地說。

「妳放心？」廖聲濤問。

「怎麼不放心？」她笑着反問他，又挑逗地說：「聶璋不像你，他的思想很前進，而且我們沿途有人接應，一點不會出毛病。」

「聶璋是你們的人？」

「你不知道？」

廖聲濤搖搖頭。

她向他神祕地一笑。把他輕輕一拉：

「走，我們上樓去，樓上還有三個人等着進抗大。」

走上樓時，廖聲濤看見兩男一女在看一本小册子，一看見他上來，就警覺地往口袋裡塞。那兩個男的和他的年齡差不多，女的年齡大一點，大約二十二、三歲，上身穿着西服，不打領帶，下身穿黃卡嘰布褲，十足男性化，很醜。

當許亞琳替他們介紹時，她自動伸過手來說：

「我叫徐如男。」

廖聲濤本來不想和她握手，又不願得罪許亞琳，只好微皺雙眉，很不自然地伸過手去。

「喲！這完全是一隻小布爾喬亞的手，難怪不肯伸出來！」徐如男握着廖聲濤的手大聲地譏笑。

「嗨！我好像握着一隻大蹄膀。」廖聲濤做了一個鬼臉，賭氣地說。

別人看見他那副怪樣子不禁失笑，徐如男氣得把他的手用力一摔，他反而哈哈大笑起來。

「你眞壞！」許亞琳說

「是密司徐調戲我，妳怎麼反而說我壞？」他望着許亞琳故意做出一副委屈的樣子。

許亞琳連忙用手蒙住嘴，結果還是笑出聲來。

徐如男兩眼睜得像一對乒乓球，惡狠狠地罵他：

「鬼纔調戲你這個死布爾喬亞！」

廖聲濤看見徐如男的臉氣得像豬肝，更得意地大笑。

「你老是闖禍！」許亞琳把他拉在一邊，嬌嗔地對他說：「前天和楊樺幾乎打架，今天又和徐大姐鬥嘴，你說該不該打？」

「該打，該打！」他嬉皮笑臉的把右手伸給她。

她瞪了一眼，遲疑了一下，最後把牙齒輕輕一咬，用力打下去，但她馬上尖叫起來：

「喲！該死，沒有打痛你，倒打痛了我的手！」

「嘖嘖嘖，妳看！」他提住許亞琳又白又嫩的手，走到徐如男面前說：「這雙手纔眞是布爾喬亞的手呢！」

「她是我們無產階級的同志，不像你這個壞蛋！」徐如男的臉鼓得像一個氣泡魚，臉上的青春燈像癩蝦蟆背上的疙瘩。

「好了，徐大姐，不要再生氣了，」許亞琳馬上堵住她，指着廖聲濤說：「他是聶璋的同班同學，不是外人，將來也會成爲我們的同志。」

「眞是大水冲倒龍王廟，自家人不認識自家人，妳怎麽不早說呢?」徐如男馬上和顏悅色地說。

「妳和聶璋認識?」廖聲濤奇怪地望着徐如男。

「最近見過兩次面，」徐如男說：「他的思想最前進，簡直可以作我們的導師。」

「他是我的同學，那我也可以作妳的導師了。」廖聲濤望着徐如男說。

「你也配?你懂得馬克思?」徐如男白他一眼。

「我不懂什麽馬克思，牛克思，我可懂得聶璋。」廖聲濤說。

「我看你連聶璋也不懂?」許亞琳歪着眼睛向他一笑。

「他和我多年同學，我怎麽不懂?」廖聲濤反問。

「他是我們的同志，你怎麽一點也不知道?」許亞琳反問他。

「我纔不管那些鬼事。」廖聲濤故意淡漠地搖搖頭。其實他心裡也正奇怪，不但他不知道，連劉漢民他們也不知道，毋怪許亞琳要奚落他了。

徐如男白了他一眼，鼻子裡哼了一聲。廖聲濤對她作了一個鬼臉。徐如男罵他一句：

「該死的布爾喬亞！」

許亞琳怕他還嘴，把他往樓梯口推，一面對徐如男她們說：

「我出去一下，不要等我吃晚飯。」

隨卽挽着廖聲濤下樓。廖聲濤問她：

「妳怎麼不回來吃飯？」

「上次我請客你會帳，今天我可要還禮了。」她說。

「你不要會錯了意，我可不是來討飯帳的？」廖聲濤說。

「管你是來幹什麼的，反正我請你吃飯就是了。」

都比開嘴好

「只要有吃有喝，總[illegible]。」廖聲濤戲謔地說：「我眞怕靠瑋到陝北沒有飯吃。」

「你眞沒有革命精神，男子漢大丈夫，還怕沒有飯吃？」許亞琳白他一眼。

「沒有飯吃會餓死人，自己的命都沒有了，還革誰的命？」

「別再抬槓了，我請你好好地吃一頓如何？」許亞琳嫵媚地說。

「我舉雙手贊成！」廖聲濤雙手一舉，隨卽拖着她往外跑。

許亞琳眞的在一家大館子請他吃了一頓豐富的飯菜。飯後又請他坐馬車兜風，看電影。

街上的人很多，到處是黑鴉鴉的人頭。穿藍色工裝褲的男女青年尤其多。許亞琳在電影院門口就碰見幾個熟人。他們一律是藍工裝褲套着白襯衫，男的頭髮齊耳，蓬鬆散亂；女的長髮披肩。談起話來滿口新名詞。

他們走後，廖聲濤問許亞琳：

「這些傢伙是幹什麼的？」

「戰地服務團的。」許亞琳回答。

「我還以為他們是戰區司令呢！」廖聲濤譏諷地說。

「怎麼？你看不順眼是不是？」許亞琳望着他說。

「我最討厭那種狗不吃屎的樣子。」

「人家纔有朝氣呢！國家就需要這種青年人。」

「不需要我？」廖聲濤指着自己的鼻子問。

「你要是去掉了布爾喬亞氣，向他們看齊，那就了不起。」

「向他們看齊？他們是什麼東西！」廖聲濤不服氣。

「他們是愛國抗日青年。」許亞琳加重語氣說。

「難道我不愛國？我不抗日？」

「但願如此。」許亞琳向他笑笑，挽着他走進電影院。

正片上演以前，有段新聞片，是介紹蘇聯集體農場使用拖拉機和豐收的情形。許亞琳熱烈地讚揚，說這是無產階級革命的成功。

「說不定是吹牛？」廖聲濤說。

「這怎麼是吹牛？電影不會假的呀。」許亞琳說。

廖聲濤不了解電影是怎麼拍的，也不了解蘇聯的情形，因此啞口無言。

正片是三笑姻緣，唐伯虎點秋香的故事，非常合廖聲濤的胃口。他的手也不規矩起來，在許亞琳腿上抹一把，身上捏一下，許亞琳不時把他的手撥開，或是拍打一下。他高興地傻笑。

電影散場後許亞琳又請他消夜，他根本沒有想起現在是什麼時間。當他們兩人坐着馬車來到江邊時，最後一班輪渡已經開到江心了。

「糟糕！過不了江怎麼辦？」廖聲濤望着許亞琳說。他怕劉漢民罵他。

「只好找家旅館過夜了。」許亞琳回答。

「難民這麼多，家家旅館客滿，[redacted]候那有房間？」

許亞琳眼珠一轉，不慌不忙地說：

「我倒有家熟旅館，去看看如何？」

「好，請妳帶路。」

許亞琳點點頭，帶他走了一段路，轉進一條巷子，來到一家悅來旅社。茶房一看見她，連忙招呼，十分客氣恭敬。

茶房打量廖聲濤一眼，向許亞琳點點頭：

「樓上留了一間，預備熟人住。你們兩位隨我上樓看看如何？」

廖聲濤把許亞琳挽着，笑着對她說：

「妳陪我上去看看。」

許亞琳坦然地跟他上樓，茶房把最裡面一間房門打開，廖聲濤挽着許亞琳走了進去。茶房堆着笑臉問：

「怎樣？」

廖聲濤掃了一眼，房內衣櫃桌椅齊全，還有一張紅木大床，舖着新蓆子，並排擺了兩個漂亮的枕頭。廖聲濤向茶房擠眉弄眼的點點頭，茶房馬上把門帶上。

第十章　徹夜荒唐苦肉計
一封書信大文章

廖聲濤一夜未歸，劉漢民他們乾着急，劉漢民自言自語地說：

「廖聲濤那小子該不是掉在江裡淹死了吧？」

「不會，那有那麼巧的事？」黃翰君說。

「他是不是去看聶璋？」胡以群問。

「你不是說聶璋昨天清早就走了嗎？」劉漢民望着胡以群說。

「也許他不知道。」胡以群補充一句。

「去了漢口以後總應該知道了？」劉漢民說。

「我看不是去看聶璋，八成兒是被許亞琳纏住了。」黃翰文說。

「對，我也這樣想。」許艷濤附和黃翰文的話。

「即使白天被她纏住，晚上總不能纏着他過夜呀？」劉漢民說。

「你又不是不知道他的毛病？說不定一個鍋要補，一個要補鍋，乾柴遇着烈火，還管什麼晝夜？」黃翰文對劉漢民說。

大家聽了黃翰文的話都笑了起來，劉漢民狠狠地罵了一句：

「這小子眞該打！」

說完，他又問胡以群：

「以群，你看到底是怎麼一回事？」

「廖聲濤葫蘆裡賣什麼藥？我怎麼知道？」胡以群不着邊際地回答。

「如果中午再不回來，我們分頭去找好了。」劉漢民最後作了這麼一個決定。

不到中午，廖聲濤就大搖大擺地回來了。首先發現他的是許挹清，許挹清一叫，大家都圍了過來。

「你昨天那裡去了？」劉漢民板着臉孔問廖聲濤。

「漢口。」他嬉皮笑臉地回答。

「爲什麼不先講一聲？」

「我先講了你還會讓我走？」

「晚上爲什麼不回來？」

「看電影誤了點，我又不能插翅飛過江來。」

「小子，你又胡扯？」劉漢民不信任地望着他。

「鬼纔胡扯？」廖聲濤把頭一昂：「不信我可以賭咒。」

「你賭咒等於放屁，誰信你的？」

大家哄笑起來。

「好，信不信由你！」他兩手一攤。

「我問你，你是不是到許亞琳那邊去了？」劉漢民仍然不放鬆。

「對了，你不問起我倒忘了，」他一邊說一邊在屁股口袋裡掏，樣子非常自然，終於掏出一封信來遞給劉漢民：「這是聶璋的信，許亞琳交給我的。」

「聶璋有信爲什麼不交給以群？」劉漢民奇怪地問。

「我又不是他肚子裡的蛔蟲，我怎麼知道？」廖聲濤吊兒郎當地兩肩一聳。

劉漢民把信紙打開，除了廖聲濤和胡以群外，黃翰君、黃翰文、許挹清都圍攏去看：

我走了，覺得還有很多話沒有對你們講明白。爲了我們是多年同學，我又不得不講。我進抗大是一到武漢就決定了的。我知道你們不讚成我走這條路，但是，你們只看到現在，沒有看到將來……。

爲了你們的前途着想，我希望你們也去陝北，進抗大，我在那邊你們自然有許多方便，這裡有許亞琳照顧你們。如果你們還不覺悟的話，到那時後悔也來不及了！

「聶璋怎麼講這種話？」劉漢民把信紙往黃翰君手上一塞。「我們是打鬼子，不是打天下，趕走了鬼子，就盡了我們的責任，出了這口氣，忘八羔子纔想打天下！」

「想不到聶瑋人小鬼大，滿腦子的霸王思想。」黃翰君說。

「這種思想不死，中國不會太平。」黃翰文說。

「我們抗日就是抗日，做夢也沒有這些念頭。」許挹清很不滿意地說。

「我們現在還不能證實聶瑋的話對不對？他是一番好意，我看我們不妨考慮考慮？」胡以群等大家話都說完，纔表示意見。

「以群，你送他過江[illegible]，他還同你談了些什麼？」劉漢民走到胡以群面前問。

「和這封信上寫的差不多，他希望我們把眼光放遠一點。」胡以群說。

「你回來以後怎麼沒有提起？」

「我怎麼能提？」胡以群尷尬的說：「要是我一提，你們還以為我和他一個鼻孔出氣。」

劉漢民望了胡以群一眼，沒有再講什麼。

廖聲濤怕劉漢民再問他，悄悄地拉着黃翰文走進房去，一進房他就往席子上一躺，像鬆了勁的彈簧。

「你昨天看見聶瑋沒有？」黃翰文問他。

「沒有，」廖聲濤搖搖頭：「他昨天清早就走了。」

「那你為什麼不早點回來？一個人在外面過夜，大家都替你躭憂。」

「我又不是三歲兩歲？你們眞是杞人憂天。」

「他們怕你掉進江裡去了，我猜你一定是被許亞琳纏住？」

「她請我吃飯，兜風，看電影，消夜，誤了小火輪，我怎麼過得了江？」

「你住在那裡？」

「旅館。」

「許亞琳呢？」

「你問她幹什麼？」

「擒賊擒王，這裡面纔有文章。」

廖聲濤笑而不答，黃翰文指着他說：

「天知，地知，你知，我知。你想瞞誰？」

「你可不能對他們講？」廖聲濤翻身坐起來，指指外面輕輕地對黃翰文說。

「我不講。」黃翰文點點頭。

廖聲濤抓抓後腦殼，抓着抓著竟自笑了起來。黃翰文指着他說：

「你水仙花兒不開裝什麼蒜？花和尚吃肉，還想抵賴？」

「好，我說，我說，」廖聲濤一連點了幾下頭，向黃翰文輕輕耳語：「昨天晚上我們喝了一蓋被窩戲。」

「西門慶和潘金蓮，還能幹出什麼正經事？」

「嘿！眞想不到她是個叫驢子！」廖聲濤又向黃翰文耳語，兩手在黃翰文的肩上用力一拍。

黃翰文似懂非懂，廖聲濤哈哈大笑：

「將來你要是遇着第二個許亞琳，就不會這樣呆頭呆腦。」

黃翰文微微嘆了一聲，隨後又問廖聲濤：

「那封信她是什麼時候交給你的？」

「昨天晚上。」

「這是美人計了！」

「豈止如此，簡直是苦肉計，她還要我作說客哩！」

「你答應她沒有？」

「當時她要我下地獄我都會答應，何況動動嘴皮？」

「你眞混蛋！」

「今天早晨起來我就不混蛋了！」廖聲濤得意地說：「如果不是念着一夜露水夫妻，聶璋那封信我早就扔到江裡去了。」

「她總算遇上了你這個赤膊鬼！」黃翰文笑着駡他。

「如果我像你這樣死心眼兒，那不被她牽着鼻子轉纔怪？」廖聲濤得意地望着黃翰文。

「她根本牽不到我的鼻子。」黃翰文也自負地回答。「現在我看你怎樣向她交差？」

「那還不是由我胡扯？」廖聲濤滿不在乎地說：「扯謊又不要本錢，她還有臉向我討風流債？」

黃翰文搖搖頭。

「你那會知道，」廖聲濤指着黃翰文一板一眼地說：「同她們這種鬼打交道，老實人一定吃虧！」

「也犯不着佔女人的便宜。」

「又不是我存心佔她的便宜？這是周瑜打黃蓋，一個願打，一個願挨。」

「如果漢民知道這件事，他一定會揍你。」

「你千萬不能對他講。」

「不過話說回來，許亞琳如果不走火入魔，倒也可愛。」

「說來也眞奇怪，她祖父是前清的翰林，父親有錢得很，她却把馬克思看成一尊神，眞是洋迷信。」

「你怎麼知道？」

「昨天晚上她親口告訴我的。」

「眞是怪事，」黃翰文搖搖頭。「聶瑋可能是因爲家庭環境比較差，受過什麼大刺激，所以思想那麼偏激；許亞琳出身既然那麼好，又何必這樣作踐自己？」

「在她看來這是捧着猪頭進廟門。他還認爲我們是老腐敗新頑固呢！」

「眞的？」

「不是眞的，她怎麼會和我作一夜露水夫妻？」廖聲濤顯得非常開心。

「那你們昨夜談了很多？」

「春宵一刻値千金，我纔不聽她的野狐禪。」廖聲濤又躺下去睡。

許挹清走了進來，一進門他就關照廖聲濤：

「聲濤，剛纔漢民說，以後不准你過江去。」

「爲什麼？」廖聲濤大聲大氣地問。

「他怕你被許亞琳迷住了。」

廖聲濤摸摸鼻子，輕鬆地回答：

「許亞琳也許迷得住他那個大傻瓜，可迷不住我。」

第十一章　莊靜淑女逢亂世
熱血斯文換戎衣

報到前夕，他們統統過江去玩，廖聲濤如獲大赦似地高興得了不得。

「等會我們去看許亞琳。」廖聲濤對黃翰文輕輕耳語。

「漢民不准你去。」黃翰文提醒他。

「不會找個機會溜走？」

「他不准你單獨行動。」

「他相信你，只要你和我一道，他就不會懷疑。」

「我不去。」黃翰文故意搖搖頭。

「請你幫幫忙，」他向黃翰文打躬作揖：「古人說：一日不見，如隔三秋，我已經三天沒有見她了。」

「你還說你不會被她迷住？現在怎麼像熱鍋上的螞蟻？」

「貓兒也不能不吃魚，我們住的又是和尚廟，多枯燥？」

「將來受訓怎麼辦？」

「船到橋頭自然直，現在不想那麼遠。」

到了漢口以後，他們一道逛大街，逛遊樂場，廖聲濤乘大家高興的時候對劉漢民說：

「我和翰文去買點東西。」

劉漢民望了廖聲濤一眼，又望望黃翰文，然後對廖聲濤說：

「快去快來。」

「我和翰文一道，還會跑掉？」廖聲濤大模大樣地回答。

「小子，你可不能溜到許亞琳那裡去？」劉漢民警告他。

「奇怪，你不相信我，難道也不相信翰文？」廖聲濤反而將他一軍。

「少廢話，去，去，去！」劉漢民向廖聲濤揮揮手。又鄭重地對黃翰文說：「翰文，不要離開他。」

黃翰文笑着點點頭。廖聲濤離開劉漢民之後向黃翰文搖頭苦笑：

「大傻瓜簡直把我當賊！」

「誰叫你那麼蠢頭脹腦？」

「我纔不昏頭脹腦！要是他呀，許亞琳不迷得他昏頭轉向纔怪！」

「今天你可不能和許亞琳胡纏，不然我交不了差。」

「今天有你保鏢，我就是在漢口過夜，大傻瓜也會放心。」

「你可別拖人下水，我的信用要緊。」黃翰文警告他：「如果我的信用破產，今天你還想單獨樂樂麼？以後你還想我作護身符？」

「好，我不拆你的爛汚，我們早點去。」

於是兩人以競走的步伐，匆匆地趕到法租界。

許亞琳看見他們兩人同來，顯得非常高興。她今天穿的是短袖白襯衣，藍士林布工裝長褲，頭上梳着兩條辮子，顯得更活潑年輕，她一蹦一跳地跳到他們兩人面前，握着黃翰文的手說：

「喲，密斯特黃，今天是什麼風把你吹來的？」

「西南風。」廖聲濤馬上接嘴。

「我又沒有問你。」她微微斜着眼睛輕輕地白了廖聲濤一眼。

「怎麼？還沒有過河妳就拆橋？要不是我拉伕他纔不來哩！」廖聲濤說。

「得了！得了。」許亞琳向廖聲濤嗲聲嗲氣地說：「功勞簿上少不了你這一筆。」

廖聲濤在她鼻子上捏了一把。

黃翰文一抬頭就碰上了一對大而明亮的眼睛，像兩口從未被人發現的千年深潭，沉靜、幽深。他不禁身子一震。她的臉孔微微一紅，頭慢慢地低垂下來；他怔怔地望着她，目不轉睛。

許亞琳看了向廖聲濤抿嘴一笑，迅速地拉着黃翰文走到她的面前：

「這是密斯特黃翰文，」隨後又指着她對黃翰文說：「這是密斯莊靜，她也喜歡[illegible]詩，喜歡文藝，你們兩人眞是同志。」

他們兩人會心地點點頭，但沒有握手，她臉上有幾分少女的嬌羞。

隨後許亞琳又介紹莊靜和廖聲濤認識，廖聲濤厚着臉伸出手，她不便拒絕，輕輕地和廖聲濤握了一下，比剛纔和黃翰文見面時的那種姣羞之態要大方自然多了。

莊靜和許亞琳一般高，只是沒有許亞琳那麼豐腴，看起來更加窈窕。

「你們兩人談談，我和他上樓去一下。」許亞琳拖着廖聲濤對黃翰文和莊靜說。

他們兩人上樓之後，莊靜和黃翰文的態度比較自然，兩人臉上都有同樣的喜悅。

「莊小姐府上那裡？」黃翰文先問。

「小地方蘇州。」她笑着回答。

「到漢口好久了？」

「三個多月。」

「準備繼續升學還是做事？」

「兩難。」她微微皺着眉輕輕地嘆口氣：「升學嘛，家庭無法接濟，做事我又不大願意。」

「那妳總應該有個決定？」

「所以我今天纔到這裡來。」她兩條秀眉慢慢展開。

「你和許小姐認識？」黃翰文有點奇怪。

「本來不認識，」她搖搖頭：「是個同學介紹的。」

「妳也準備去陝北？」

「你們進來之前剛剛決定。」

黃翰文深深地望了她一眼，沒有作聲。

沉默了一會之後，她微微抬起頭來問黃翰文：

「密斯特黃，你打算怎樣？」

「我考取了軍校。」

「哦！我還以為你也是來進抗大的？」

「我們七個同學，六個進了軍校，只有一個進抗大。」

「是不是剛纔上樓的密斯特黃？」她望了樓上一眼。

黃翰文搖搖頭：

「進抗大的那位前幾天走了。」

「那你們是來玩的?」

「廖同學邀我陪他來看看許小姐。」

「你們和許小姐很熟?」

「認識不久。」

「許小姐很熱心,能幹。」

黃翰文沒有作聲,樓上却傳來許亞琳格格的笑聲和廖聲濤的哈哈大笑。

莊靜望了黃翰文一眼,又微微低下頭。

黃翰文看她那麼文靜、優雅,而又帶着幾分憂鬱和嬌羞,更增加了幾分好感。一想到她也歡喜文藝,就更引爲知己。

「莊小姐喜歡誰的詩?」黃翰文忽然轉變話題,打破沉默。

「萊蒙托夫和普希金的。」

「瑪亞可夫斯基的呢?」

「瑪亞可夫斯基的詩雖然不錯,可惜句子太短,節奏太快。」她嫣然一笑。

「現在有很多人學他。」

「你歡喜誰的?」她掠掠披肩的秀髮問。

「和妳差不多。不過，我也歡喜尼克拉索夫的，拜倫和雪萊的也很有興趣。」

「你歡不歡喜小說？」

「我是紅樓夢迷。」

「我也歡喜紅樓夢。」她馬上接着說。

「紅樓夢實在寫得太好，看任何外國小說，都沒有看紅樓夢夠味。」

莊靜沒有再接下去，只望着他作了一個會心的微笑。

「莊小姐，妳那天去陝北？」黃翰文問她，他心裡希望她不要去陝北，嘴裡却不便說出來。

「現在還不知道，這要聽密司許的安排。」

「妳眞的決定去嗎？」他終於鼓起勇氣望着她的臉上問。

「不去又怎麽辦？」她抬頭望了他一會，又低下頭來，雙手絞扭着手絹，幽幽地說：「這也是沒有辦法的辦法。」

黃翰文輕輕地嘆了一口氣，他也想不出有什麽更好的方法？自己也是流亡學生，經濟來源斷絕，而且舉目無親，借貸無門，泥菩薩過江，自身難保，[illegible]能夠給她什麽幫助呢？

正在他們相對無言時，許亞琳和廖聲濤手拉着手從樓上下來，走到樓梯中間，她突然停步，指着黃翰文和莊靜笑着對廖聲濤說：

「你看，他們是多理想的一對？」

「眞是天上一對鳳凰，地下一對鴛鴦。」廖聲濤故意大聲地說。

黃翰文心裡雖然高興，卻怕莊靜不開心，因爲他們還是第一次見面，許亞琳和廖聲濤兩人怎麼可以這樣唐突？他抱歉地望了莊靜一眼，發覺她臉上毫無不快之狀，只是微微低着頭，帶着幾分嬌羞。

許亞琳下樓之後，插在他們中間，一手挽着一個，望着他們兩人說：

「剛纔你們談些什麼？」

「隨便談談。」黃翰文回答。

「有沒有什麼祕密？」許亞琳望望莊靜。

「那會有什麼祕密？」莊靜笑着回答：「我們只是談點文學方面的問題。」

「哦，對了！」許亞琳兩眉一挑：「你們是未來的大詩人，大作家，大概一見面就談什麼高爾基，瑪雅可夫斯基，普希金，雪萊，拜倫，是不是？」

「妳好像長了順風耳嘛？」莊靜望着許亞琳優雅地微笑。「

「我那有順風耳？」許亞琳風情萬種地望望莊靜又望望黃翰文：「我不過是瞎子摸象，胡猜

「我就不知道什麼斯基，猜也猜不着。」廖聲濤站在許亞琳後面故意裝傻。

「你就是這點差勁，」許亞琳回過頭來白他一眼：「我看你還不知道蘇聯有個高爾基呢？」

「我只知道中國的高爾基，不知道蘇聯的高爾基。」廖聲濤雙手搭在許亞琳的肩上嬉皮笑臉。

「去，去，去！」許亞琳把廖聲濤的手輕輕一推：「不要在這裡胡扯。」

「妳下逐客令了？那我和翰文馬上走。」廖聲濤笑着拉拉黃翰文。

「你怎麼把他拉在一起？」許亞琳指着黃翰文向廖聲濤發嬌嗔。

「他是我拉來的，我自然要把他拉走。」

「急什麼？我還沒有請你們消夜。」許亞琳向黃翰文遞了一個眼色，又拉拉莊靜：「你們志同道合，應該多談談。」

「以後有機會再談吧，現在時間眞的不早了，」廖聲濤忽然一臉正經地說：「莊小姐和翰文以後可以筆談，再遲我們就過不了江。」

「好吧，」許亞琳點點頭，一手拉着莊靜一手拉着黃翰文：「我們現在就去消夜。」

許亞琳帶他們到一家小吃店吃桂花湯糰，她把莊靜和黃翰文安排在一塊坐，故意找些話題讓他們談，莊靜和黃翰文談得非常投機，再也不拘形跡。

吃完她又拉着莊靜一道送黃翰文過江，在碼頭上莊靜有點依依不捨，一對大而深沉的眼睛，時而望着滾滾的江流，時而悄悄地移到黃翰文的臉上，黃翰文也有點不安，他深恐這一分手就再也見不到她了。

「莊小姐那天走？」黃翰文終於忍不住問許亞琳。

許亞琳深沉地看了黃翰文一眼，輕盈淺笑地說：

「她希望和你一道走。」

黃翰文惶惑地看看許亞琳，又看看莊靜。他不能明說自己明天就要入伍，也不能表示要和莊靜一道去陝北，更不知道廖聲濤葫蘆裡賣的什麼藥？在樓上和許亞琳談些什麼？

分別時黃翰文和莊靜又互相深深地看了一眼。莊靜不知道他明天入伍，希望他再到漢口來玩。

「我們明天入伍的事你告訴許亞琳沒有？」小火輪離開碼頭時黃翰文問廖聲濤。

「我什麼也沒有告訴她，只和她胡扯了一陣。」廖聲濤回答。隨後又向黃翰文耳語：「她看見你去了高興得不得了，乖乖地讓我 kiss 了好幾次。」

第十二章　殺傷彈死亡慘重　新編隊較量高低

他們入伍的那天下午又是大轟炸，這次鬧區損失較輕，南湖一帶死傷很大，敵人投了不少的殺傷彈。

轟炸以後，他們還不敢去報到，生怕敵機再來。最近，敵人非常狡猾，往往第一批飛機轟炸之後，警報解除不久，第二批飛機又接着飛來轟炸，以致死傷增大，人也疲於奔命。

黃昏時分，他們六人纔結伴前往報到，一走到營房門口就聞到一股薰人欲嘔的屍臭。兩個崗亭都倒在路邊，新派的衛兵站在倒毀的崗亭旁邊，衛兵面前有好幾灘血，他們六人見了不禁心頭一震，劉漢民忍不住問衛兵：

「炸死了多少人？」

「不知道，」站在右邊的衛兵遲疑了一下纔回答。隨後又嘆了一口氣：「二至四的衛兵都炸死了。」

「你們這時來報到最好，早報到的都遭了殃，死的死，傷的傷，這裡從前沒有炸過，你們學生一報到就挨炸彈，而且鬼子丟的都是殺傷彈，一定是他媽的漢奸報了信。」站在左邊的衛兵接着說。

他們看看炸彈坑都很小，最多只有鋼盔大，不到一尺深，足證破片是橫飛的，殺傷力很大。隨着他們後面來報到的還有二十幾個人，胆小的一聞着屍臭就捏着鼻子向後轉，胆子大的走到營門裡面看見被炸的現場，也驚惶地停步，然後又退了出來。

許挹清黃翰文也有點胆怯，最令他們難受的是沖鼻的屍臭和火藥混合着血腥的怪味。廖聲濤眉毛一皺，像隻洩了氣的皮球。他悄悄地拉拉黃翰文的袖子說：

「我們走吧？」

「走到那裡去？」劉漢民臉色莊重地望着他。

廖聲濤一時答不上話，他想到許亞琳，想到抗大，又不敢出口，此時他再也想不出第二條路；黃翰文也想到莊靜，一想到她心裡就有一種莫名的悵惘，恍恍惚惚，不知怎樣是好？

劉漢民沉着臉望了廖聲濤一眼，昂着頭和黃翰君向報到處走，胡以群、黃翰文、許挹清只好跟着他們兩人走，廖聲濤愁眉苦臉地走在最後，步子拖拖拉拉，不像以往大搖大擺了。

在一個少尉那邊辦好了報到手續，領好服裝，他們便到指定的第三棟營房休息，那裡已經有十幾個人，有的換了軍服，剃了光頭，有的仍然是學生裝束，蓄着西裝頭，大家顯得十分散漫，不安。

那些人看見劉漢民這批新的伙伴，沒有表示熱烈的歡迎，只是隨便點點頭，打個招呼。

劉漢民和黃翰君虛心地向大家請教，攀談，其中一個叫做林遇春的青年，比較歡喜談話，說的國語不大純正，帶着濃重的閩南口音。

「你是今天報到的還是昨天報到的？」劉漢民問林遇春。

「昨天。」林遇春說。

「那你碰上轟炸了？」

「可不是？」

「當時你在那裡？」

「我躲在水溝裡。」林遇春指指營房旁邊的大水溝。

「究竟炸死多了少人？」

「確實的數字還不知道，這棟營房原先有五十幾個人，現在就剩下我們這十幾個人了。」

劉漢民向大家望了一眼，除了他們六個人，就只有十七個人了。

「連槍都沒有摸一下，就這樣死了，實在冤枉。」林遇春有點傷感的樣子。

「我們將來一定要多殺幾個鬼子纔夠本。」劉漢民憤慨地說。

「假如我們早來幾個鐘點，說不定也見閻王了。」黃翰君深幸自己沒有遇上這次大轟炸。

「有很多人就是剛一報到就炸死的。」林遇春說。

「那我們倒要感謝老和尙了。」黃翰文自言自語。原來他們是想在今天上午來報到的，但守眞老和尙說天氣太熱，不如[illegible]點涼快些，老和尙很少走出禪房，今天破例出來和他們聊了一陣，勉勵一番。如果不是老和尙的盛意挽留，他們眞可能進入枉死城了。

這時又進來幾個剛報到的青年人，其中有一個身體肌肉發達，臉孔瘦削，衣着寒傖，沒有一點學生氣息的靑年，看上去大約二十四五歲，走起路來肩膀有點搖晃，低着頭，眼睛看在地上，手指像要抓住什麼似的不時一張一合，他皮笑肉不笑地和大家打了一個招呼，通了姓名，便把一隻小包袱往統舖上一放，然後一屁股坐在包袱上面，東張西望。

「洪同學，過來我們談談。」劉漢民看他一個人坐在一邊，向他招招手。

他遲疑了一下，沒有立刻過來，林遇春又向他招手，他這纔拎着包袱走了過來。

他仔細詢問每一個人的姓名，同時用鉛筆在一張小紙條上記了下來，他的字歪歪倒倒，而且每一個字都寫得很長。他把每一個人的姓名記下之後，薄薄的嘴唇牽動了幾下，又重新報出自己的姓名：

「我叫洪通，黎元洪的洪，四通八達的通。以後請列位多多指教。」

「彼此同學，不必客氣。」劉漢民說。

「列位編過隊沒有？」洪通向大家重新打量了一下。

「今天早晨臨時編了五個分隊，轟炸以後就只剩一個分隊了。」林遇春說：「大約晚上全部報到之後，會重新編隊。」

「胆小的恐怕不會再來了。」劉漢民說。

「怕什麼？」洪通馬上插嘴：「剛纔我在營門口就碰見幾個人抬出兩副木板子，我還不是來了？」

「你胆量不小。」林遇春讚賞地說。

「打仗就是要死人，死這幾個人算什麼？」洪通滿不在乎地說。

「不止死這幾個，光是這棟營房就死了幾十個。」

「就是死幾百個又有什麼了不起？」洪通望着林遇春說：「中國有的是人，死不完的。」

「讓日本人白白炸死，死一個人也是寃枉。」黃翰文說。

「巴媽日的！將來總有報仇的日子，要是老子提到東洋鬼子，一定剝他的皮！」洪通咬咬牙，張張五指，說了幾句粗話。

大家睜大眼睛望着他，看他的臉色隱隱發青，手指仍然習慣地一張一合，彷彿要抓住什麼似的。

一陣微風，帶來一股冲鼻的屍臭，大家自然地用手摀住鼻子，伸頸向窗外瞭望，操場上已經清理完畢，沒有留下任何東西。林遇春忽然發現一隻癩皮狗用兩隻前脚在對面那棟營房的瓦礫堆中扒掘，他看見瓦礫堆中突出一隻手掌，大叫一聲：「狗！」那隻癩皮狗連忙咬住那隻手掌，拖出半截手臂，夾着尾巴迅速地從側門逃跑。

大家看了搖搖頭，嘆口氣，洪通望了一眼，沒有絲毫表示。

天黑以後，電燈線路還沒有完全恢復，他們這棟營房漆黑一片，樹影搖曳，彷彿鬼影幢幢，大家顯得恐懼不安，擠在一塊，只有洪通一個人躺在一邊，頭枕在包袱上面。

「洪同學，你怎麼一個人躺在一邊？」林遇春在黑暗中問。

「擠在一塊太熱。」洪通回答。

「你不怕？」

「怕什麼？」

「鬼——」

「我纔不怕鬼！」

「你看過聊齋沒有？」廖聲濤問他。

「沒有，我什麼書也沒有看過，我不信邪，人死如燈滅，列位都是自己嚇自己。」

「洪同學，你不知道，」林遇春搖嘴：「這棟房子裡炸死了五、六十個同學，他們都是冤死的，說不定陰魂不散？」

「那他們去找東洋鬼子算帳好了！」

林遇春沒有作聲，別人也不再講，房子裡黑漆漆的，更顯得恐怖陰森。

忽然一道手電光照射進來，大家精神爲之一振，原來是一位軍需上士，一手持電筒，一手握着一把洋燭，他一走進來就大聲地說：

「線路還沒有修好，你們先點支洋蠟燭。」

他一面說一面擦亮火柴，把洋燭點燃，倒着燒了一會，滴幾點燭油在桌上，隨後把洋燭顚過來，按在燭油上，洋燭就站穩了。

「大家不要睡覺，馬上要集合編隊。」上士剛走出門口又回過頭來對大家說。

果然沒有多久就吹集合號，新來的人有些聽不懂，林遇春跳起來對大家說：

「集合了，我們到操場去。」

於是大家一道出去，別的營房也走出來不少人，操場上響着雜亂的腳步聲。

四位服裝整齊，斜掛着値星帶的中上尉軍官，在操場上指揮集合。劉漢民他們屬於第三中隊，除了剛纔從營房裡走出來的那些人之外，報到處那邊新來的人也參加他們這一中隊。指揮他們編隊的值星官是一位二十七、八歲的上尉，另外還有兩個中尉，九個班長。

按一、二、三報數的次序編隊下來，劉漢民是第一班的排頭，胡以群編在第二班，黃翰君編在第七班，許挹濤和林渭春編在第三班，黃翰文、廖聲濤、洪通編在第四班。他們三人本來一般高，很難分出先後，黃翰文的肩膀比他們兩人都高，第一次站隊時他是第四班排頭，廖聲濤是第二名，洪通是第三名，但洪通故意把自己的肩膀抬高，頸子伸長，表面看來好像他比廖聲濤高一點，他便把廖聲濤拉了下來，擠在第二名，等他和黃翰文站在一起時，他先和黃翰文比肩膀，自知沒有黃翰文高，於是他偷偷地把腳跟提起，在表面上看來好像又比黃翰文高一點點。地下的光線很暗，誰也沒有注意到他提起了腳跟，因此他又變成了第四班的第一名，他心裡非常高興，臉上卻毫無表情。第四班班長還以為他這一班的高矮次序最標準，黃翰文雖然覺得自已肩膀比洪通要高一點，但他沒有和洪通去爭。

各區隊整理完畢，值星官又集合隊伍，一位三十多歲的少校隊長走了過來，值星官發了一個「立正」口令，向前跑了幾步，立定，敬禮，少校隊長問了值星官幾句話，就站在隊伍的正前方六、七步遠的地方，開始訓話：

「從現在起，你們是武學生，不是文學生，是軍人，不是老百姓……軍人的責任是保國衛民……」

第十三章　剃光頭棄文習武　開小差有口無心

第二天天剛亮就吹起床號，洪通比班長先跳下床舖，很快地把軍毯疊成有稜有角的豆腐乾，把床單用手拂平，他這一手使班長非常高興。其他的人不但動作沒有他迅速，軍毯也折疊不好？班長先作一個示範，大家纔如法炮製。

廖聲濤一向愛睡懶覺，要起得這麼早很不習慣，當洪通把軍毯疊好之後他還沒有起來，黃翰文用力推了他兩下，纔翻過身來揉揉眼睛。

「快點，別人軍毯都疊好了，你還不起來？」黃翰文催他。

他唉聲嘆氣地望了黃翰文一眼纔慢慢爬起來，懶洋洋的滾下床舖，黃翰文連忙替他把軍毯疊好，他拖拖遢遢的跟在大家屁股後面去洗臉。

漱洗完畢，值星官吹哨子集合，帶大家跑步，邊跑邊喊「一二三四」。第一區隊的劉漢民他們人高馬大，步子跨得遠，後面的人跟着跑很吃力，跑了幾分鐘大家都氣喘吁吁，廖聲濤更是愁眉苦臉，連「一二三四」也懶得喊了。

跑足十五分鐘纔解散休息。劉漢民，廖聲濤他們又自然聚在一起，彼此都是滿身大汗，連新穿的草黃色軍服都濕透了。

早餐是稀飯饅頭、豆腐乳、花生米，每一班圍成一個大圓環，蹲在操場上吃，廖聲濤和黃翰文跑餓了，每人多吃了一個饅頭。

今天又是一個大晴天，昨天的慘痛教訓使値星官提高了警覺，大家一吃完他就吹哨子集合，把隊伍帶到鄉下去。

露水很重，路邊的草葉上佈滿了細如粟米般的閃亮的露珠，金黃的稻穗被珍珠般的露水壓得抬不起頭來。

他們在離營房四、五里路的一個村莊裡解散休息，値星官當衆宣佈：

「凡是蓄西裝頭的今天一律剃光！」

挑着擔子的理髮兵在一棟大榕樹底下歇了下來，準備工作，有些性急的就圍了過去，洪通也趕熱鬧，他本來是剛剪過的平頭，頭髮不長，他還是搶在前面。

廖聲濤、劉漢民他們又湊在一起，坐在一棵大椰樹底下休息，廖聲濤摸摸自已的頭髮兩眉一皺：

「前天剛理過髮，今天又剃和尚頭，眞是碰見了大頭鬼！」

「如果不剃和尚頭，投考的人也許會更多？」許挹濤說。

「我不想剃，你們怎樣？」廖聲濤望着大家說。

「不剃怎麼行？」許挹清笑嘻嘻地說。

「開小差，不幹！」廖聲濤把軍帽往地上一摔。

「你這小子眞差勁，連頭髮都不肯犧牲，還打什麼日本人？」劉漢民罵他。

「打日本人不一定要剃和尙頭？」廖聲濤說：「你的話根本不合邏輯。」

「好，小子！我的話不合邏輯，這是値星官的命令，你有種你去問値星官好了。」劉漢民嚇唬他。

廖聲濤眞的拍拍屁股站了起來，黃翰文也站了起來，他和廖聲濤一道離開，兩人走到池塘邊的一棵柳樹下面坐了下來，池塘裡有兩對白鵝自由自在地游着，歪着腦袋覷着他們。

一個剛剃光頭髮的青年走過，露着一頭青青的頭皮，人也好像顯得蠢頭蠢腦，粗俗不堪。廖聲濤指着他對黃翰文說：

「你看，剃了和尙頭，我怎麼好去看許亞琳？」

「妳還想去看她？」黃翰文問。

「我爲什麼不可以去看她？」

「你們並不是眞正戀愛，她醉翁之意不在酒，目的是希望我們進抗大，現在我們都進了軍校，滿天的星都散了，你去看她，她也不一定理你。」

「你不能說我們完全沒有感情？」

「你們露水夫妻，有的什麼情？」

廖聲濤沒有作聲，他自己也有點捉摸不定，說她不愛他嗎？她表現得又那麼熱情；說她眞愛他嗎？可又不十分單純。這眞是一種他沒有經驗過的愛情，光憑感覺，他實在沒有辦法區分。

「難道你不想看莊靜？」廖聲濤忽然反問黃翰文。

「當然想。」黃翰文低沉地回答。

「那你爲什麼不追？」

「怎麼追？」黃翰文兩手一攤：「她和我走的是兩條路。」

「那我們一道進抗大好了？」廖聲濤輕輕地說：「只要我們進抗大，許亞琳和莊靜都會屬於我們。莊靜對你眞是一竹篙到底。」

黃翰文沒有作聲，他手裡捏着一塊瓦片在地上亂劃，劃來劃去都是劃着莊靜兩個字。廖聲濤看了好笑，輕鬆地問他：

「你到底打算怎樣？」

「我心亂如麻，拿不定主意。」黃翰文微微抬起頭來望望廖聲濤。

「翰哥，我們都不是當軍人的料，還是進抗大吧？」

「我們固然不是當軍人的料，也不是當共產黨的料。」

「莊靜更不是當共產黨的料，他是李清照一流人物，她也去陝北了。」

「她是走投無路。」

「那你更應該再去看看她。」

「我們也是泥巴菩薩過江，看她有什麼用？還不是自尋煩惱？」

「我看她一定很想念你。不管怎樣，我們一定要找個機會過江。」

「穿上了二尺半，由得你想？」黃翰文拉拉身上的草黃土布軍服說。

「老鼠都會打洞，我自然有辦法。」

這時那兩對白鵝漸漸游到他們身邊，廖聲濤把早餐時藏在口袋裡的一隻饅頭掏了出來，撕成一片片拋進池塘，兩隻公鵝看見饅頭碎片，伸長頸子「咯——咯——」地叫了兩聲，讓母鵝來食，牠們扇動兩隻雪白的大翅膀，又安靜地浮在水面，看着母鵝吃饅頭片。

「牠們真是幸福的夫妻。」廖聲濤拋下最後一片饅頭。

「牠們不知道身逢亂世。」

黃翰文話剛說完，突然發現九架飛機嗡嗡地飛來，大家一陣騷動，值星官連忙吹哨子，叫大家不要亂動，在樹底下隱藏起來，廖聲濤和黃翰文坐在柳樹下面沒有動。

飛機嗡嗡地從他們頭上經過，他們有點胆顫心驚，生怕會投下炸彈來，眼看飛機一直向城裡飛去，然後傳來一聲聲巨響，冒起一陣陣濃烟。高射砲咚咚地射向天空，也沒有打下一架來。敵機投過炸彈之後又揚長而去。

大家嘆息、咒罵，都沒有用處，他們不會變魔術，沒有辦法一伸手就把飛機捉住，把它們一個個摔碎。

「媽的！眞氣人！我看還是當空軍過癮。」廖聲濤把手裡一塊瓦片向塘裡一扔，瓦片在水面上連續跳躍前進。

「當空軍？」黃翰文望着他笑笑：「你連陸軍都不想幹，還當空軍？」

劉漢民他們已經剃了和尚頭，四個人東找西找纔找到黃翰文和廖聲濤，劉漢民一走上來就衝着他們問：

「怎麼你們躱在這裡？還留着西裝頭？」

廖聲濤望着那青青的頭皮好笑，覺得他們變得非常醜陋滑稽。

「笑什麽？還不快去剃掉？」

廖聲濤萬不得已地跟着黃翰文站了起來，沒走幾步迎面碰着洪通，洪通的頭皮青得發亮，他不是用剪子推的，是用剃刀刮的，連頭髮樁子也看不到一根。

「洪通這傢伙光得像一隻球。」廖聲濤望了洪通一眼，輕輕地對黃翰文說。

黃翰文連看也沒有看洪通一眼，逕自走到理髮兵跟前。

理髮兵拿起推剪將黃翰文一頭烏亮的頭髮完全剷光。

廖聲濤剷光了頭髮，站在理髮擔上的小圓鏡前照照，一手摸頭，一邊苦笑：

「你看，一下子變成兩個和尚頭，我怎麼去看許亞琳？你又怎麼能去看莊靜？」

第十四章　兩對書信傳心意
一片疑雲未揭開

黃翰文、廖聲濤報到後的第六天夜晚，接到守眞老和尚轉來兩封信，一封信是許亞琳寫給廖聲濤的，一封信是莊靜寫給黃翰文的。

他們收到信，不敢讓劉漢民他們知道，兩人躲在廁所裡偷看。

聲濤：

　　幾天不見，爲什麼不過江來？

聶璋已經到延安了，他在那邊很好。

莊靜今天走了，你和黃翰文怎樣？有空歡迎過江來玩，我隨時候駕。

亞琳

莊靜寫給黃翰文的信是這樣的：

黃：

雖然我們僅有一面之緣，但是你留給我的印象是永久的。現在我還在想：爲什麼我們不早點認識？

本來我希望有第二次的會面，第二次的傾談，我等了三天，不見你過江，因此我不得不懷着一顆悵惘的心前往陝北。如果我們能在一塊那該多好？杜甫詩「海內存知己，天涯若比鄰。」願毋忘此意。

莊靜

黃翰文看完這封信兩眼發楞，他眞後悔沒有過江去看她一下，他本來是爲了避免感情上的煩惱纔沒有再去看她，現在接到這封信是更加煩惱了。

「我說了莊靜會想念你的，如果前兩天我們過江去，你不是看見她了？」廖聲濤看過莊靜的信後埋怨黃翰文。

黃翰文低頭不語，呆呆地望着手上的信。

「我想她就是到了延安，還是會想念你的。」

「太遠了！簡直是兩個世界。」

「將來也許還有機會見面？」

「將來的事難料得很！」

廖聲濤把莊靜的信套進信封，往黃翰文的口袋一塞，再把許亞琳的信拿給黃翰文看，黃翰文看過之後問他：

「你去不去看她？」

廖聲濤抓抓頭皮，望望黃翰文說：

「我也打不定主意，你看可不可以去？」

「許亞琳不是莊靜，犯不着同她做戲，她一看見你的和尚頭，就知道沒有魚可釣了。」

廖聲濤在光頭上拍拍地打了兩下，懊惱地說：

「我說了不剃和尚頭！為什麼要剃？」

「是你自己去剃的，又沒有誰強迫你？」

「如果不是劉漢民那個大飯桶，我怎麼會剃？」

「你還罵他？如果他知道你和許亞琳胡鬧，他不揍你纔怪！」

提起曹操，曹操就到，劉漢民迎面走了過來。

廖聲濤連忙把信塞進褲子口袋，劉漢民劈手搶了過去。

劉漢民在燈光底下迅速地看了幾眼，把信往褲子口袋一塞。叉着手問：

「你到底和許亞琳搞什麼鬼？」

「沒有搞什麼鬼？」廖聲濤用力搖頭。

「莊靜是誰？」

廖聲濤窸窸窣窣黃輪文，期期艾艾地說：

「是在許亞琳那邊認識的。」

「男的還是女的？」

「女的。」

「她也去了延安？」

「信上這麼說。」

「還有沒有別人去？」

「多的是。」

「我還以為只有蘇瑋一個人呢！」

「你以為別人也像你一樣？」

「眞奇怪，」劉漢民點點光頭：「他們沒有登招生廣告，怎麼會有那麼多人去？」

「誰知道他們有什麼法寶？」廖聲濤聳聳肩。

「不管它，許亞琳那邊你決不能再去。」

廖聲濤向劉漢民要信，劉漢民搖搖頭說：

「不能給你。」

「為什麼？」

「免得惹麻煩。」

「這有什麼麻煩？我又不去延安。」

「你眞的不去？」

「我要去早去了，剃了和尚頭，死了這條心。」

劉漢民把信交給他，特別叮囑一句：

「小子，你可別惹出禍來？」

「不過是封情書，又不是禍水？」廖聲濤很快地把信往屁股口袋裡一塞。

第十五章　班長整人踢正步
廁所打架半峰灣

他們白天躲警報，晚上上操，操的科目天天都是敬禮、立正、稍息、向左轉、向右轉、向後轉、齊步走、正步走這些基本動作，他們唸高一時就受過三個月的集訓，對這些科目一點沒有興趣，黃翰君的基本動作甚至比班長作得還要正確，他訓練過壯丁，當過三個月的少尉排長，他也操不起勁，廖聲濤簡直有點吊兒郎當，對於班長的講解示範猶如馬耳東風。

唯一操得起勁的是洪通，當區隊長和隊長巡視過來時他更起勁賣力，他們看見他的操作總是點頭微笑而去，因此班長更加重視洪通，當大家懶洋洋地一點不起勁時，他便把洪通拉出來作示範，要他做給大家看。

「來，洪通，你出列，做幾個動作給他們看看。」

洪通非常得意地出列，站在大家對面，照班長的口令動作，立正、稍息、原地轉法都很合乎標準，只是在敬禮時大姆指沒有併攏，班長也不糾正，廖聲濤卻在行列裡開玩笑地大叫：

「大姆指沒有併攏，大姆指沒有併攏！」

班長看了廖聲濤一眼馬上跑去糾正。洪通很不開心。

「廖聲濤，出列，你踢踢正步給大家看看。」班長忽然指着廖聲濤說。

廖聲濤只好硬着頭皮走出來，班長要他作正步分解動作。正步分解動作是最困難的動作，廖聲濤知道班長是在整他，也只好遵照班長的口令作，可是當他把兩手向後背好，左腿踢起，班長就不再發口令，讓他金雞獨立地站在那裡，站了兩分鐘他有點支持不住，心裡一氣，自動把腿放下來，大聲地質問班長：

「班長！你這是什麼意思？」

「要你踢正步。」班長理直氣壯地回答。

「你為什麼不要他踢？」廖聲濤指着洪通問。

區隊長看見廖聲濤和班長爭吵起來，馬上走了過來，斥責廖聲濤幾句，要他入列，敷衍了一下班長的面子，然後集合整個區隊操作，直到九點鐘值星官纔宣佈收操。

收操之後並沒有解散，隊長向大家訓話，說下個禮拜要參加保衛大武漢大遊行，要大家特別認真操作，明天起增加操槍；槍上肩，槍放下一定要學好。隨後又要大家練歌。

值星官把許挹濤叫了出來，要他教歌。許挹濤不愛講話，却有多方面的天才，流行的抗戰歌曲他全會唱，昨天他教了一個「生死已到最後關頭」，大家已經學會了。

許挹濤紅着臉，做了一個指揮手勢，要大家先溫習一下「生死已到最後關頭」。他喊「一、

二、三……」，大家就跟着他唱了起來：

向前走，別退後，

生死已到最後關頭

同胞被屠殺

土地被侵佔

我們再也不能忍受

我們再也不能忍受

亡國的條件

我們決不能接受

中國的領土

一寸也不能失守

向前走，別退後

生死已到最後關頭

生死已到最後關頭：

「生死已到最後關頭」溫習了兩遍，他纔從口袋裡掏出一個歌本開始教「槍口對外」，他先把歌詞一句一句地唸給大家聽，又把簡譜自唱了兩遍，再要大家跟着他唱。

這支歌剛剛唱熟，就到了就寢的時間，值星官一聲「解散」，大家便一窩蜂似地往廁所裡跑，廁所裡外頓時擠滿了人。

洪通擠在廖聲濤的前面，有一個人出來他馬上塡了進去，廖聲濤等了一會才找着一個空隙擠進去。也許是過於內急，他一解開褲子就洒了洪通一脚，洪通把褲子一提，馬上泰山壓頂地給他一拳，咬着牙齒罵了一聲：「巴媽日的！」

廖聲濤被洪通打得眼睛裡金星亂迸，又聽見洪通罵他，更是無名火起，他也連忙提起褲子給洪通當胸一拳。於是兩人扭打起來，從廁所裡面打到廁所外面，黃翰文看見連忙上前去拉，也捱了洪通一拳，黃翰文也冒火了，還了洪通一拳，三人打在一起，劉漢民趕到纔把他們拉開，洪通又向廖聲濤偷襲了一拳再跑去報告班長。

這邊劉漢民和黃翰君正在責備廖聲濤和黃翰文時，洪通卻氣勢洶洶地帶着班長和區隊長走了過來。

「你們兩人爲什麼打他？」區隊長厲聲地問廖聲濤和黃翰文。

「報告區隊長，他們兩人打架，我好意拉架，洪通不問靑紅皂白，給我劈面一拳，我纔還手。」黃翰文說。

「洪通說是你們兩人打他？」區隊長望着黃翰文說。

「根本不是這回事。」黃翰文否認。

「究竟是怎麼一回事？你們大家說說看看。」區隊長望着周圍的人說。

大家看看洪通的臉色陰沉，張班長的臉色也不對勁，不但沒有人作證，反而悄悄地溜走。

「到底是怎麼一回事？」區隊長又問大家。

一個瘦長的青年馬上從人叢中衝了出來，大聲對區隊長說出原委。

區隊長望望洪通，洪通的臉色有點發青，馬上肯定地說：

「根本不對，是他們兩人打我。」

「區長隊，洪通的話不可靠！」那瘦長的青年大聲地說。

「當時你爲什麼不拉？」張班長問那叫做謝志高的青年。

「我褲子都沒有繫好，怎麼拉？」謝志高反問張班長。

大家笑了起來。

區隊長望了洪通、廖聲濤和黃翰文三人一眼，用濃重的長沙腔大聲地說：

「有理三扁擔，無扁擔三！你們三個人都罰兩腿半峯彎！」

說完就吩咐張班長執行，張班長要他們兩手舉起，兩腿作騎馬姿勢，站好之後，區隊長又對張班長說：

「張班長，你在這裡監視，要他們站足十五分鐘。」

區隊長一走，周圍的人也跟着散去。

平常十五分鐘很容易過去，這十五分鐘却很難挺，他們站得兩腿又軟又酸，洪通咬着牙硬挺，廖聲濤愁眉苦臉，黃翰文也哭笑不得。

時間一到，洪通便和張班長一道走了，廖聲濤和黃翰文還站在原處，廖聲濤想想好笑，不禁罵了一句：

「洪通這個忘八蛋！」

「誰叫你上操時得罪他。」黃翰文說。

「開一句玩笑有什麼關係？」

「那比挖他的祖墳還難過！你就是不洒他一脚尿，他也會找機會報復。」

「他也沒有得到什麼好處？」

「如果不是謝志高作證，區隊長自己來處理，那可要我們好看！」

「想不到張班長會和洪通這傢伙一鼻孔出氣？」

「洪通會討好賣乖，難怪。」

「洪通這傢伙不知道是從那裡鑽出來的？那兩下子居然也能賣？」

「立正稍息不在班長面前賣，又去那裡賣？」

他們本來很氣，說着竟自笑了起來。

第十六章　街頭劇放下鞭子　大合唱八百壯士

星期天早晨一起床就整理內務，大家跪在鋪上折疊軍毯，用手摸了又摸，一定要摸起整齊的稜角，彷彿刀切的一般，每一床灰色軍毯折疊得大小、間隔，完全一致，而且是在一條線上，沒有一點出入。藍色床單也拉扯得非常平整，沒有一點皺紋，彷彿用大熨斗熨過一般。

値星官陪同隊長檢查一遍以後，在早餐時宣佈飯後放假，晚點以前歸隊，大家立刻歡笑起來，他們有十多天沒有外出。

劉漢民他們和謝志高、林遇春一道出去，自從廖聲濤、黃翰文和洪通打架以後，他們便和謝志高成爲要好的朋友了。

武昌城裡又多了一些倒坍的房屋，牆壁上電線桿上也多了些紅紅綠綠的標語，街頭上常有十個八個穿着工人裝和學生裝的男女青年在演講唱歌，吸引了一堆堆的路人駐足圍觀。劉漢民他們走到一處轟炸的廢墟前面無法通過，那裡有一大堆人圍了一個大圓圈，彷彿看把戲似的，他們擠進去一看，原來是在演街頭劇「放下你的鞭子」，剛好演完，觀衆正準備散開，一個左臂吊着的繃帶的二十來歲的青年馬上跑到瓦礫堆上演講，他說他是剛從淪陷區逃出來的，鬼子是怎樣的姦淫屠殺；他家裡三個人都殺死了，他的手臂也被鬼子戳了一刀。

他很會講話，觀衆的情緒眞的被激動起來，有的女人在偷偷地擦眼淚，咬着牙齒咒罵。

他剛一下去，藍幕布後面馬上走出七、八個穿工人裝和學生裝的男女青年，一個手拿小指揮棒的瘦長青年向大家一鞠躬，他看見劉漢民他們站在人堆裡，便邀他們一道來唱歌，劉漢民他們果眞走過去和那七、八個男女青年站在一塊，合唱「八百壯士」，那個瘦長青年指揮棒一動，他們就大聲地唱起來：

中國不會亡
中國不會亡
你看那民族英雄謝團長
中國不會亡
中國不會亡
你看那八百壯士孤軍奮守在東戰場

四方都是砲火
四方都是豺狼
寧願死不退讓
寧願死不投降
我們的國旗在重圍中飄盪
飄盪 飄盪
飄盪 飄盪 飄盪
八百壯士一條心
十萬強敵不敢擋
我們的行動偉烈
我們的氣節豪壯
同胞們起來
同胞們起來
快快走向戰場
拿八百壯士做榜樣

中國不會亡
中國不會亡
中國不會亡
中國不會亡
不會亡
不會亡
不會亡

唱完以後，那幾個男女青年和劉漢民他們熱烈地握手道謝。

他們走到江邊，又遇到一批青年人在碼頭上演講、唱歌，臉孔晒得通紅，額上冒着汗珠，他們揮舞着三角旗，講得起勁，唱得更起勁。

打回老家去
打回老家去
打走日本帝國主義
東北四省是我們的
他殺死我們同胞

他搶佔我們土地

……

劉漢民聽了「打回老家去」，心裡最受感動，這是他們東北青年最愛唱的一支歌，和流亡三部曲一樣掛在嘴上唱。

歌曲一支接着一支地唱下去，彷彿永遠唱不完似的。歌聲響澈了整個碼頭，震動了所有的人心。

他們擠上輪渡，碼頭上的那批青年人還在唱歌，輪渡上的青年男女們也唱了起來，岸上充滿了歌聲，江上也充滿了歌聲，這些救亡歌曲唱出了青年人的心聲，唱出了中華民族的心聲。

船到漢口，他們剛踏上碼頭，又傳來一陣悲壯激昂的歌聲，十幾個青年男女組成的歌詠隊正站在出口處不遠的木頭箱子上張着嘴巴大唱。

「武漢在沸騰，武漢一片歌聲。」黃翰文興奮地說。

胡以群一踏上碼頭，就和大家分手，劉漢民問他到那裡去？他支吾其詞地說了好幾個地方。

「待會兒我們在什麼地方碰頭？」劉漢民問他。

「不要等我，我會直接回去。」胡以群向他揮揮手就隱入人叢中去了。

「我們到法租界去好不好？」廖聲濤乘人擁擠的時候在黃翰文耳邊輕輕地說。

「這樣子怎麼能去？」黃翰文指指身上的軍服。

「外甥去娘舅家，常來常往，有什麽關係？」

「你這不是叫起忘八犯夜？明白告訴她你進了軍校？」

「我不在乎你還在乎？」

「叫化子進門也有個開場白，你拿什麽作題兒？」

「張君瑞會崔鶯鶯，談情說愛。」

「別在大街上做夢，你也不照照鏡子？」

廖聲濤摸摸光光的頭頂，輕輕地嘆了一口氣。

大街上人如潮湧，漢口的人比武昌的人更多，今天的人比以前的人更多，戰火已經燃燒到武漢外圍，附近各縣城的難民都湧到了。

牆壁上紅紅綠綠的大標語觸目皆是，牆壁上還有很多暴露敵人罪行的漫畫。

第十七章　泥鰍太滑抓不住　筆桿可用日方長

胡以群左彎右拐地來到法租界，他在那棟小洋房的後門上敲了三下，一個中年大師傅迅速地把門拉開半邊，胡以群隨即迅速地閃了進來，逕自走到樓上一個小房間去。

「入伍了？」許亞琳一看見他就笑着站起來。

胡以羣點點頭。

「統統入伍了？」許亞琳又問。

胡以羣又點點頭。

「廖聲濤這傢伙眞壞！」許亞琳柳眉一挑：「他沒有替我做一點工作。」

「妳在他身上白費氣力。」

「我認爲黃翰文他們可以爭取，這纔利用他。」

「廖聲濤像條泥鰍，太滑！妳抓不住他。」

許亞琳微微稱是，向胡以羣姍姍地走了過來，在他面前停住，兩手在胸前交叉，望着他問：

「你抓不抓得住他？」

「我早就對妳說過，我抓不住他。」胡以羣兩手一攤。

「那你以後找機會整他，」許亞琳又柳眉一挑：「我那封信他收到了？」

「不知道。」胡以羣搖搖頭。

「你在那裡幹什麼的？」許亞琳面孔突然一板，白了胡以羣一眼：「你也應該注意注意！

」

「他和我不在一個隊，」胡以羣聳聳肩，望了她一眼：「不過以後我總有機會套出來。」

「那封信要是落在他的長官手裡，就達到了我們的目的。」

「我眞不知道，妳爭取黃翰文有什麼意義？」過了一會胡以羣突然問許亞琳。

「我告訴你，黃翰文很有文學天才，莊靜、楊樺，也是這類角色。」

「爭取這些人有什麼用？」胡以羣輕蔑地說：「秀才造反，三年不成，他們又不會搞鬥爭。」

「胡同志，你只知其一，不知其二！」許亞琳望着胡以羣說：「你不知道巴爾扎克曾經在拿破崙的銅像上貼過一張這樣的字條：『你的劍不能征服的地方，我的筆可以征服它。』拿破崙雖然橫掃歐洲，但他沒有打進莫斯科，現在你上街去看看，漢口那一家書店沒有巴爾扎克的著作？」

胡以羣的眼睛瞪大起來，沒有說話。她却接着說下去：

「偉大的史林太同志也說過：『作家是人類靈魂的工程師。』黃翰文、莊靜、楊樺，現在雖不是作家，將來在這方面可能很有成就。爲什麼不早點爭取？培植？你以爲光靠我們那幾桿爛槍就玩得過國民黨？」

「那我對黃翰文的態度應該怎樣？」

「除了廖璧濤我要整他一下之外，黃翰文他們你應該慢慢地爭取，別的人你也應該注意，不要放棄每一個機會。」

「這需要時間。」

「你有的是時間，你的任務是先搭好線，不到瓜熟蒂落的時候，千萬不可硬摘。」

「只要上級不限定時間，我總會達成任務。」

「你是一著埋伏的棋子，以後要看你的了。」許亞琳趁機用激將法。

胡以羣心裡非常得意，他輕鬆地轉變了話題：

「羅璋在延安怎樣？」

「他是一個黨性最堅強的同志，他帶去的一批人全部到達，沒有一個開小差，上級對他很賞識。」許亞琳說。

「他將來一定會成爲黨的核心幹部。」胡以羣羨慕地說。

「他的成分好，黨性強，又肯努力，那自然不成問題；你進軍校也很重要，你要在他們裡面生根，使他們的力量變成我們的力量，使他們的槍桿變成我們的槍桿，那你就是黨的大功臣。」

許亞琳還和他談到一些鬥爭技術和工作方法問題，以及他們的遠景，使胡以羣充滿了信心。

「這是一個大時代，千載難逢的好機會，小麥地裡趕兔子，我們應該好好地抓住。」許亞琳在小房間裡踱來踱去。

胡以肇頻頻點頭，許麗琳接著問他：

「你到這裡來他們知不知道？」

「不知道，我是從後門進來的。」

「這樣很好，千萬不能讓他們知道我們的關係。」

胡以肇迅速地回答了一聲「是」，許麗琳隨即從口袋裡掏出一把小鑰匙，把書桌左邊的抽屜打開，拿出十張五元，十張一元的中央銀行鈔票遞給胡以肇說：

「你拿去零用，必要的時候不妨化點錢。」

胡以肇沒有推辭，很自然地從許麗琳手裡接過鈔票，放在上衣小口袋裡，挺挺腰說：

「我一定用在刀口上。」

這時那中年大師傅在門口一晃，翹起一隻大姆指向前一指，許麗琳點頭會意，輕輕地對胡以肇說：

「有人找我，我不陪你了。」

胡以肇點點頭，馬上離開，從後門悄悄地溜走。

走上大街，胡以肇心裡非常高興，他在一家小館子化了一塊錢痛快地吃了一頓。

飯後，他到新市場去玩，恰好碰上了劉漢民他們，他們看見胡以羣來了都很高興，齊聲問：

「你到那裡去了？」

「去看一位父執。」胡以羣從容地回答。

「吃過飯沒有？」

「剛在陳伯伯家裡吃過，你們呢？」

「我們還是空心老倌。」廖聲濤說。

「我們正想讓廖聲濤請客。」黃翰君搶先說出了自己的企圖。

「枯竹子榨不出油來！」廖聲濤笑着把褲子口袋一翻：「今天我是吃定你們的了。」

「小子，別在這兒出洋相好不好？」劉漢民指指周圍的人罵廖聲濤。

「你爲什麼要我請客？」廖聲濤拉着褲子的口袋問他。

「去你的！誰要你請客？」劉漢民瞪了廖聲濤一眼。

「好，解除警報！」廖聲濤笑着把白布口袋塞進去。

「我請好了。」謝志高大方地說。

「用不着你請，我來。」劉漢民長臂一抄，把大家攏了出來。

他們在一家北方館子吃水餃，劉漢民要了一碟生葱和蒜頭，蘸着醬吃，吃得津津有味，別人看着他都皺眉。

廖聲濤另外要了兩盤飯，炒了一盤猪肝，他吃得非常樂意，放下碗筷還摸摸肚皮。

飯後謝志高請看電影，廖聲濤拉着黃翰文上廁所，他悄悄地對黃翰文說：

「等會在電影院裡我們開小差好不好？」

「你又搞什麼鬼？」黃翰文問他。

「我眞想去看看許亞琳。」

「別自討沒趣！」

「你眞的不想念莊靜？」

「廢話，她已經去了陝北，還能插翅飛回來？」

「許亞琳一定知道她的消息。」

「許亞琳是拿莊靜釣魚，你要我送上鉤去？」

廖聲濤正待講話，劉漢民在前面大聲喊叫，廖聲濤連忙扯着褲子往前跑，劉漢民一看見他就罵：

「你這小子搞什麼鬼？躲在廁所裡半天不出來？」

「奇怪，你能禁止我小便？」廖聲濤瞪了劉漢民一眼。

謝志高催着去看電影，大家又一道湧到電影院去。

看電影時廖聲濤心不在焉，坐在位子上很不自在，他忍不住問旁邊的胡以鞏：

「你看見許亞琳沒有？」

「沒有。」胡以鞏回答得非常乾脆。

「我們去看看她好不好？」廖聲濤輕輕地說。

「我和她沒有交情，你去，我可不奉陪。」

廖聲濤摸摸後腦殼，悶聲不響。他覺得胡以鞏和劉漢民簡直不懂風情，黃翰文又用情太深，不能及時行樂，反而自尋苦惱，只有他膽子不怕罵，什麼女人都敢惹。想着想着他心裡甚爲自得，把頭往椅子背上一靠，很快地就呼呼入睡了。

第十八章　一封信兩人禁閉
連環保長官放心

洪通和張班長趕回來吃晚飯，他們兩人是第四班回來得最早的。

飯後洪通回到寢室裡找東西，在儲藏室裡沒有找到，便在床墊下東翻西翻，在廖聲濤的舖位上忽然翻到許亞琳的信，他看看寢室裡沒有人，連忙抽出來偷看，他看出是女人的筆跡，便一口氣看完了。

「延安？延安是什麽地方？」他捏着信低頭尋思，輕輕地罵了一句：「巴娘日的，這裡面一定有文章。」

他正在懷疑這封信的內容時，張班長忽然闖了進來，他把信往身後一藏，滿臉笑容向張班長走過去：

「班長，我請問你家一個地方？你家知不知道？」

「什麽地方？」

「延安。」

「好像聽說過？不知道到底在那個角落？」張班長抓抓頭皮。

「你家有地圖沒有？」

「有，有，有。」張班長連忙從褲子口袋掏出一本袖珍地圖來。

於是兩人伏在床鋪上翻看，翻了半天，纔找出來，洪通驚叫起來：

「陝北！陝北！」

「你叫什麽？」張班長奇怪地望着他。

「班長，我請你家看一封信。」他馬上從背後拿出那封信來。

張班長接過那封信一看，有點捉摸不定，洪通及時頂上幾句：

「班長，我看這兩個雜種來歷不明，雞窩裡起火，這還得了？」

張班長也緊張起來，輕輕地問他：

「你看怎麼辦？」

「把這封信送上去，班長，這正是你家立功的好機會呀！」洪通推着張班長說。

「區隊長還沒有回來。」張班長遲疑了一下。

「値星官在，先送給値星官好了。」

「我們兩人一道去好不好？」

「班長，這是你家立功的事，還是你家自己去。」洪通故意謙讓。

張班長走了幾步，又回過頭來問洪通：

「這封信你在什麼地方發現的？」

「床舖底下。」洪通指指床舖。

張班長去了一會，回來對洪通說：

「値星官叫你去。」

於是洪通和張班長一道來到値星官的房間，値星官問洪通是怎樣發現這封信的？洪通說是無意中在床舖底下發現的。

「你注意他們還有什麼可疑的地方沒有？」值星官問。

「廖聲濤特別吊兒郎當，上操也不起勁，還講空話，這完全是來搗亂的。」

「黃翰文倒很規矩。」

「他們兩人是一窩，黃鼠狼不見得好過地老鼠！」

「好，你們回去，」值星官對他們兩人說：「這封信我會處理。」

「報告值星官，請你家不要說是我們檢舉的。」洪通走了幾步又突然回轉身來對值星官說。

「不會，這是機密。」值星官關照他不用擔心。

於是他纔放心跟着張班長走了出來。

值星官把這封信親自送給隊長，和隊長商一陣纔回到自己的房間。

廖聲濤他們直玩到晚點前幾分鐘，纔匆匆地趕回來。

隊伍解散後，值星官把廖聲濤和黃翰文兩人留住，帶他們一道去見隊長。

他們不知道隊長找他們有什麼事？廖聲濤跟在值星官後面大搖大擺地走進隊長的房間，看到隊長鐵青的面孔，這纔稍微收斂起來。

江隊長用那對大而銳利的眼睛，冷峻地看了他們兩眼，纔從抽屜裡把許珊琳那封信拿出來，放在桌上，用手一拍：

「你們老實說，究竟和這些人有什麼關係？」

廖聲濤看到許亞琳那封信，臉孔馬上發白，他怔怔地望着那封信，隊長又把手在桌上重重地一拍：

「快說，你究竟和他們有什麼關係？」

「報告隊長，」廖聲濤把身體站直：「我和他們沒有關係。」

「渾蛋！你和他們沒有關係？這封信是從那裡來的？」

「報告隊長，」廖聲濤咽了一口唾沫：「我可以把經過情形報告你聽。」

隊長打量他一眼，終於點點頭。

廖聲濤望了黃翰文一眼，便說出他們從南昌來武漢投考軍校的經過情形，只把他和許亞琳開旅館的那段風流韻事隱瞞未說。

江隊長聽完他的敘述，又嚴厲地問黃翰文：

「黃翰文，你們是同學，這件事你也牽連在內，廖聲濤的話到底是眞是假？你要直說。」

「他說的是眞話。」黃翰文回答。

江隊長沉吟了一會，突然站起來，指着他們兩人說：

「我告訴你們，如果你們講了半句假話，和他們有一點勾結，我就槍斃你們！」

「報告隊長，我們不但沒有和他們勾結，也沒有上許雅琳的鈎。」黃翰文理直氣壯地回答：

「不然我們早到延安去了。」

江隊長深深地看了黃翰文一眼，指着他說：

「黃翰文，我相信你是一個好青年，希望你講的是眞話。」江隊長顯得神情凝重地沉思了一下：「不過，這件事關係重大，我要澈底調查。」

「請隊長調查好了。」黃翰文恭敬地說。

江隊長看了他們兩人一眼，吩咐値星官把他們送到禁閉室去。

劉漢民他們聽說廖聲濤、黃翰文因爲那封信關起來了，心裡非常焦急，別的同學馬上和他們幾個人保持距離，劉漢民、黃翰碧悄悄地約了許揚清和胡以羣出來商量挽救的辦法。

「他們兩人關起來了，我們應該馬上去保。」劉漢民首先提議。

「這件事情關係重大，恐怕我們保不了？」胡以羣說。

「我看過那封信，沒有什麼大不了。」劉漢民說。隨後他又把那封信的內容講出來。

「那封信的本身雖然沒有什麼重要，問題是誰還敢惹一身騷？」

「我們這麼多年的同學，難道你相信不過。」劉漢民望着胡以羣說。

「翰文決不是那種人，他決不會走那條路！」黃翰君說。

「廖聲濤這小子就是歡喜拈花惹草，纔搞出這個麻煩來，事實上他也不會走那條路。」劉漢民也替廖聲濤辯護。

「廖聲濤的事兒可難說。」胡以擎擺出一副完全不信任的姿態。

「你到底保不保？」劉漢民惝戀地問胡以擎。

胡以擎半天不作聲，劉漢民有點生氣，轉問許挹清：

「你呢？」

「我保。」許挹清點點頭。

劉漢民看許挹清答應保，心裡輕鬆了許多，然後又心平氣和地問胡以擎：

「以群，你到底怎樣？」

「黃翰文我可以保，廖聲濤的事兒我不想惹一身騷。」胡以擎慢吞吞地說。

「我們不能只保黃翰文不保廖聲濤？這樣做豈不是落井下石，廖聲濤怎麼吃得消？」劉漢民到底年齡大點，顧慮比較周全。

「廖聲濤如果是共產黨，我們保他不是白賠了性命？」胡以擎反問劉漢民。

「這小孩子纔是共產黨！」劉漢民氣得跳了起來，「你不保拉倒。」

「他不保我保！」謝志高走過來大聲地說。

劉漢民回頭一看是謝志高，感動得幾乎流淚。

胡以羣看看情勢不對，立刻滿臉笑容地對劉漢民說：

「你這人眞開不起玩笑？我怎麼能厚此薄彼？保黃翰文不保廖聲濤？」

「以群，這是性命交關的事，不是開玩笑的時候。」劉漢民嚴肅地說。

「放心，我們四、五個人的命還保不住他們兩人的嗎？」胡以羣討好起來。

劉漢民馬上拔出鋼筆蹲在地上寫保證書，寫完之後蓋關章的蓋關章，打手印的打手印，他和黃翰君兩人連忙跑步送到値星官房間。

第二天早操之後，値星官把他們的保證書送給江隊長，江隊長看了一遍，又和値星官研判了一會，再送給大隊長。

大隊長叫王率眞，是一個矮而結實的察哈爾人，騎兵出身，好强好勝，有點傲上，爲人很正直而有見解，是一個塞外硬漢，忠心耿耿的軍人。

江隊長把這件事源源本本地報告了王大隊長，同時呈上那份保證書。

王大隊長看了那份保證書，沉吟了一會纔說：

「我看沒有什麼問題，萬一他們有什麼問題，還有五個連環保，反正跑不掉，關起來無益，不如放出來，留心察看。如果眞有問題，我們可以隨時處置。他們都是流亡學生，我們作長官的人應該多加愛護，多敎育，多開導。這是一個思想問題，固然有很多靑年誤入歧途，那也是我們的宣傳敎育不够，靑年人是一張白紙，誰在那張紙上畫個什麼，他們就是什麼，這點我們應該瞭解。你叫他們兩人到我這裡來一趟，我再問問他們。」

江隊長連忙跑到禁閉室，把他們兩人釋放了出來。

廖聲濤和黃翰文不知道是怎麼一回事？心裡不免有點緊張。一夜禁閉，黃翰文失眠一夜，眼圈發靑，臉色沉重，廖聲濤也不再大搖大擺，吊兒郞當的樣子也收歛起來。

王大隊長看了他們一會，纔問：

「誰是廖聲濤？」

「我。」廖聲濤連忙回答。

王大隊長又看了廖聲濤幾眼，然後再轉向黃翰文說：

「你叫黃翰文？」

「是。」黃翰文連忙立正。

「靑年人不要誤入歧途。」王大隊長諒許他們說。

「是。」他們兩人同聲回答。

「你和他們到底有沒有關係？不妨坦白告訴我，我大隊長決不會隨便糟蹋青年人；如果你們欺騙我，那我就決不會寬恕你們。」

兩人把經過情形又敍述了一番。王大隊長看了他們幾眼突然站起來：

「好，我相信你們的話，我希望你們學好，國家需要青年，青年也應該愛護國家，當軍人更應該愛國，知道嗎？」

「知道！」

「好，現在你們同隊長回去。」王大隊長向他們揮揮手說。

廖聲濤和黃翰文兩人如獲大赦般跟着江隊長走了出來，江隊長把他們帶回房間又訓了一頓，然後打發傳令兵把值星官叫了過來，對值星官說：

「值星官，帶他們回去，要他們照常操作。」

值星官應了一聲「是」，就把他們帶了出來，交給張班長。

張班長看見他們出來，有點驚異；洪通一看見他們，在驚異之中却帶點失望；胡以箴看見他們連忙趨前握手擁抱，表現得非常親熱；許挹清和謝志高看見他們發出歡欣的微笑；黃翰君心裡高興，却只表現了三分；劉漢民衝到廖聲濤面前，在他肩膊上用力捶了一拳，指着他的鼻尖罵：

「小子，我知道你會闖禍！你自己倒楣活該，還害得翰文關了一夜。以後可得小心你的腦袋瓜子！」

第十九章　大遊行東張西望
洗臭腳意馬心猿

武漢各界發動的保衛大武漢大遊行終於在雙十節的晚間舉行了。參加遊行的有地方團隊、學生、工人以及各行各業各機關團體，劉漢民他們自然也參加了。

他們沒有新式武器，甚至連一挺馬克沁機槍也沒有，僅僅扛着前幾天纔從倉庫裡拿出來的漢陽造的步槍，這些作教練用的步槍的來福線多半磨光了。他們不像作戰部隊，連鋼盔也沒有，他們戴小帽子，穿的是草黃布軍服，打的是布綁腿，脚上穿的是黑布襪子和草鞋，他們的裝備很差，可是精神抖擻，士氣激昂。他們走在一個裝備最好的衛戍部隊後面，步伐整齊，歌聲響亮，兩邊街沿的觀衆非常注意。

街上國旗飄揚，電燈通明，電線桿上，牆壁上貼滿上紅紅綠綠的「發揚辛亥革命精神」，「打倒日本帝國主義」之類的標語。

他們剛唱完「八百壯士」歌，後面武大的學生就接着唱起「工農兵學商了。」

武漢大學的學生手中都揮着小國旗，在軍訓教官領導下高聲地唱着，唱完之後又高呼「打倒日本帝國主義」，「保衛大武漢」的口號。

呼口號的聲音此起彼落，歌聲此起彼落，武裝部隊喊一二三四的聲音也此起彼落，繼續不斷。

遊行的隊伍綿延不絕，前面過去了，後面又接上來，軍警、學生、工人、各行各業各機關團體的旗幟布招，數也數不清，先頭隊伍走了快一個鐘頭，後面還是一條長龍接着一條長龍，彷彿一夜也走不完。

街道上，，一片「擦－擦－擦－」的脚步聲，不是皮鞋的擦擦聲，也不是膠鞋的擦擦聲，而是稻草鞋的擦擦聲；整齊，劃一，堅定。

突然廖聲濤的脚步錯了，走在他旁邊的區隊長馬上短促而有力地命令：

「廖聲濤，脚步錯了，快換過來！」

廖聲濤雖然脚痛，還是一個墊步換了過來。

過了一會，黃翰文的脚步也錯了，碰了洪通一下，洪通回過頭來瞪了他一眼，黃翰文沒有理會，自動地把脚步換了過來。

前面的部隊剛剛唱完「生死已到最後關頭」，値星官突然轉過身來對劉漢民他們大聲地喊叫

「大刀向——一——二——三——」

於是劉漢民他們高聲地唱了起來：

大刀向鬼子們的頭上砍去

全國武裝的弟兄們

勝利的一天來到了

勝利的一天來到了

前面有東北的義勇軍

後面有全國的老百姓

咱們中國軍隊勇敢前進

看準那敵人

把他消滅！把他消滅

衝呀！

大刀向鬼子們的頭上砍去

殺！

一股衝鋒陷陣的銳氣，和同仇敵愾的心聲，震撼着沿街每一個觀衆的心弦。

在兩條大街交叉的路口，隊伍轉彎的時候，廖聲濤忽然發現許亞琳穿着白色的襯衫，藍色的工裝長褲，和幾個穿工人服裝的男女青年站在轉角處看大遊行，他有點心猿意馬，一不小心，踩着了黃翰文的草鞋後跟，向前一蹶，幾乎跌倒。許亞琳發現是他，馬上噗嗤一笑。他立刻回了許亞琳一個鬼臉，又一蹶一蹶地跟着隊伍前進。

大遊行的隊伍到十一點多鐘纔解散各自回去，劉漢民他們回到營房時快兩點了。

値星官特別宣佈，明天十點鐘起床，休息一天。

解散後大家連忙解除武裝，把槍放在槍架上，搶着洗臉洗腳，上廁所。

黃翰文和廖聲濤坐在操場旁邊的一塊石塊上，把綁腿解開，把沾滿了灰塵的黑布襪子一脫，立刻發現兩脚後跟和足踝都磨破了皮，脚指和脚掌之間，有好幾個血泡，脹痛得難過，便在口袋裡掏出針線包，用針一一挑破，放出血水。

「剛纔我看見了許亞琳。」廖聲濤一面揉脚，一面輕輕地對黃翰文說。

「在什麼地方？」黃翰文問。

「在十字街口。」

「什麼時候？」

「我躡着你腳後跟的時候。」

「這麼巧？」

「也許她是出來看熱鬧？」

「她一個人？」

「好幾個一道。」

「你和她打招呼沒有？」

「就是因爲想和她打招呼，纔躡着你的脚後跟！」

「你對她還沒有死心？」

「奇怪，不見她倒沒有什麼，一看見她就會被她吸住。」

「我看你再也不能惹她了。」

「其實，光和她玩玩又有什麼關係？」

「我怕你玩掉腦袋。」

廖聲濤不再作聲，低着頭揉脚。

劉漢民從廁所出來，看見他們兩人坐在操場旁邊的石塊上，踱了過來。他已經洗過脚換過膠鞋了。

「今天大家都很興奮。」劉漢民笑着在他們旁邊坐了下來。
「這兩隻腳可吃不消。」廖聲濤雙手抱着腳說。
「我們到底不是穿草鞋長大的。」黃翰文說。
「鈍鐵也要鍊成鋼，慢慢地就會磨練出來。」劉漢民說。
「那先要把皮磨厚。」廖聲濤接着說。
「小子，你的皮還不够厚？」劉漢民笑着罵他。
「他是臉皮厚，腳皮薄。」黃翰文說。
廖聲濤立刻把右腳往黃翰文面前一翹：
「胡說八道，我要你吃臭腳。」
黃翰文用手一打，廖聲濤抱着腳哎喲哎喲叫起來。
「裝什麼蒜？你這隻臭腳還不趕快去洗？」劉漢民推了廖聲濤一下。
廖聲濤順勢用手往黃翰文的頸子上一抄，伏在黃翰文的背上說：
「揹我去洗。」
「你做夢娶媳婦，專想好事！」黃翰文用力一掙，站了起來。廖聲濤跟着站了起來，一手搭上黃翰文的肩膀，一跛一跛地走向廁所旁邊的洗臉間。

第二十章　為釣大魚放長線
未到黃河不死心

前方的戰事一天天失利，武漢三鎮人心惶惶。

武漢三鎮的人向宜昌重慶和湖南跑，而武漢附近的難民又像浪潮一般地向武漢三鎮湧到。

商店的貨物多已運走，有些舖子連舖門都懶得卸下，只開着半邊門，用個把夥計應付，老闆則出去奔跑，尋找交通工具。

江邊的木船不論是三個桅桿的大肚皮，或是一個桅桿的小舢板，都是裝得滿滿的，隨時準備揚帆啟碇；所有的輪船都在打差，只向上開，不向下開。

禮拜天的上午，胡以羣又一個人溜到許亞琳那邊去。一見面許亞琳就這樣問他：

「現在時局很緊，你們準備搬到什麼地方去？」

「上面沒有宣佈，」胡以羣說：「可能是四川？」

「什麼時候走？」

「不知道。」胡以羣搖搖頭，隨後又問：「妳到什麼地方去？」

「重慶。」

「那以後我們怎樣聯繫？」

「我不是在新華報就是在新華書店工作。」

「那我的信是不是可以寫到報社？」

「那怎麼可以？」許亞琳瞪着他說：「你應該儘量避免嫌疑。」

胡以羣連忙點頭。

許亞琳隨即寫了一張紙條遞給他：

「以後就寫到這個地方好了。」

「對方是誰？」接過紙條，胡以羣不解地問。

「不必多問，你把它當作我本人好了。」

「聶璋最近有沒有信來？」

「有信來，他在那邊很好，用不着緊警報。」

「我眞想到那邊去。」

「爲什麼？」

「我覺得我在這邊沒有什麼作用。」

「你沒有什麼進展是不是？」

「不但沒有進展，連廖聲濤都沒有整倒。」於是他把廖聲濤、黃翰文那次關禁閉的事說了出來。

許亞琳沉吟了一會，又安慰他說：

「不要灰心，慢慢來。線兒放得長，魚兒養得大。」

「他們幾個人本來不弱，現在又加了一個謝志高。」胡以羣兩眉一皺。

「謝志高？」她偏着頭望望胡以羣：「也是你們的同學？」

他點點頭。

「謝志高是怎樣的人？」

「這傢伙可惡得很！」胡以羣憤憤地說：「那次如果不是半路殺出他這個程咬金，廖聲濤可能已經整倒。」

許亞琳望着他半天沒有作聲，過後又冷靜地問：

「他是老粗？」

「不，他能寫能畫，很有兩手。」

「那我想錯了，」她自嘲地一笑。「他和黃翰文怎樣？」

「臭味相投。」

「我是說他們的文學修養？」

「這個……我還不大清楚，不過根據壁報上的文章看，也很不錯。」

「性格如何？」

「比黃翰文辣！」

「你應該設法和他拉拉交情。」

「這傢伙是茅坑的石頭，又臭又硬。」

「應該想辦法爭取，」許藍琳摸摸微微突出的下巴：「這種人是死心眼兒，一爭取過來也會死心塌地。」

「他和黃翰文都是喜歡文學的，我又偏偏不喜歡這玩藝。興趣不投，談也談不攏。」胡以翟無可奈何地搖搖頭。

「除了工作，你應該培養這方面的興趣。」

「是的，我還應該多多學習。」胡以翟恭敬地回答。

「這也不難，」她向胡以翟一笑：「多看看就行，因為上級不是要求你作一個作家。」

「我根本不是那塊料。」

「所以你現在應該完全明白，當初我為什麼爭取黃翰文、莊靜和楊樺他們？中國有四萬萬人，作家藝術家不過幾十百把，而且還不全是我們的！如果我們僅靠武裝鬥爭，沒有宣傳，就沒有群衆，那還能談革命？」

「莊靜和楊樺的情形怎樣？」胡以羣順着許亞琳的話頭問。

「聶璋的信上說，楊樺倒很積極，莊靜在鬧情緒。」

「也許她不習慣？」

「完全是小姐脾氣，小資產階級意識。」

「應該先斬斷小資產階級的尾巴。」

「對莊靜這種女性，應該有點耐心。」

「妳對她好像很有信心？」

「千軍易得，一將難求，她的天賦實在很高。」

胡以羣心裡不以爲然，又不敢表示反對的意見，沉默了一會，許亞琳又對他說：

「最近我在報上看到一首描寫大轟炸的長詩，新華報好幾位同志也和我談起這首詩，他們都很佩服！大家都不知道這作者是誰？」

「是不是黃翰文？」胡以羣提醒她。

「黃翰文的名字我怎樣會不知道？」許亞琳淡然的說。

「最近黃翰文有一首長詩在報上發表，起先我們都不知道，後來廖聲濤敲他的竹槓，說他拿了稿費，纔揭開來。他用的是筆名，你有沒有這份報紙？」

許亞琳連忙從案頭翻出那份報紙，遞給胡以擊，胡以擊看到一半就跳了起來：

「是他！是他！這首長詩寫的就是我們那天在蛇山躲警報看轟炸的情形，一點不錯！」

許亞琳睜大眼睛望着他，然後把報紙一摺。

「總算我還沒有看走眼。」

「怎麼我一點也看不出來？」胡以擊抱歉地說：「我們同學許多年，只知道他的功課好，不大愛講話，起先我還把他看成書呆子，想不到他的文章還能在大報上發表？」

「他的作品氣勢雄渾，將來一定很有成就，」許亞琳讚揚地說，隨後又輕輕一嘆：「如果他僅僅是一個未來的文豪，那對我們的革命並沒有多大的利益，說不定還有阻礙。」

「我看黃翰文的思想也很頑固，很難接受我們這一套。」

「這種人不能用理論說服他，」許亞琳說完，隨卽從架子上抽出十幾本書來，遞給他說：「這些書你帶回去，送給他和謝志高，這比馬恩列史的理論有效。」

胡以擊看看封面，都是俄國作家的作品，有舊俄的托爾斯泰、屠格涅夫、萊蒙托夫，以及十月革命以後的許多新作家的作品，如風行一時的「鐵流」，而其中高爾基的作品就有百本

「以後你應該買點書送他們，這比請他們吃東西有效。」

許亞琳隨即打開抽屜，拿出五張十元的鈔票遞給他：

「以後我們可能很久不能見面，這筆錢你留在身邊應用，如果黃翰文他們經濟發生困難，你應該接濟接濟。」

胡以羣接過鈔票，又向許亞琳要了兩張舊報紙，把書包好，往腋下一夾，準備告辭。

許亞琳留他吃午飯，他們又談了一會，飯後胡以羣走了。

他心情愉快，不像街頭的行人那麼緊張慌亂，他想起了兩個禮拜沒有看電影，決定去看一場，也許這是在漢口看最後一次電影了。

平常電影院門口人很擁擠，今天却顯得特別冷清，他一走去就買到票。

正片開映之前，還放映了一些「保衛大武漢」的宣傳標語。

那些標語並沒有增加觀衆的信心，反而使大家感到困擾，敵人正一步步逼近武漢，武漢的物資也一批批疏散。

老百姓已經開始逃難，這一年來丟的地方太多，很少有人相信武漢守得住。

胡以羣看完電影又去百貨店買日用品，東西比前幾天便宜兩三倍，商店都急於出清存貨。

「你們準備逃到什麼地方去？」胡以羣問一位三十多歲的夥計。

「到底是逃到重慶還是逃到長沙？我們老板還沒有決定。」

夥計皺皺眉，把頭伸出櫃台輕輕地問：

「同志，你家看逃到什麼地方保險？」

「我不是劉伯温，我怎麼知道？」

夥計搖搖頭，嘆口氣，沒有再問，低着頭默然地包東西。

「這些東西你們不準備運走？」胡以羣指着架子上的貨物說。

「大件頭已經上了船，這些東西留下來應應市面，賣得掉就賣，賣不掉只好丟。」夥計頹喪地說。

「如其日後丟，不如現在便宜賣，你怎麼還算得這麼貴？」胡以羣指指紙包，心猶未足。

「唉！同志！」夥計嘆了一口氣，「這比一個禮拜以前便宜了兩倍多，眞是犧牲血本，你家還嫌貴？」

「你丟了還不是丟了？」

「同志，不到黃河心不死，現在鬼子還沒有到，能多賣一文錢就多一文錢的盤纏路費。」

胡以羣付了錢，抱着一包東西走出來，叫了一輛馬車，一路得得得地坐到江邊。

街上沒有往日熱鬧，來往的行人，低着頭急走，街沿上坐着一堆堆窮苦絕望的難民，兩眼失神地望着青天，孩子拖着眼淚鼻涕像秋夜蟲吟般的哼叫。

碼頭上行人如織，那些人東奔西跑，像熱鍋上的螞蟻，他們多半是找船逃難。現在一隻小木船也身價百倍，而且早有了主顧。臨時很難僱，頂多只能帶條把「黃魚」。

胡以馨在江邊下了馬車，穿過擁擠的人群，趕上了正要開駛的小火輪。回到艙房，他把日用品小心地收好，把書分送給黃翰文、謝志高、許挹清他們。

黃翰文他們根本沒有想到胡以馨會送書，都有點喜出望外，如果胡以馨是送別的東西給謝志高他不會接受，胡以馨突然送他五本書，他高興得很，隨手翻閱起來。

第二十一章　滾滾長江東逝水
哀哀母女向寒風

黃翰文他們在一道緊急命令之下，以最快速的動作，離開了營房，整隊前往漢口。

他們經過武昌大街時，高聲地唱着歌；喊着一二三四，步伐整齊，精神抖擻，比參加大遊行時更顯有軍人的氣概。

他們雄壯的歌聲和嚴整的陣容，多少給失望彷徨的老百姓一點振奮，老年人揉揉眼睛，望望他們，互相談論。老百姓不知道他們是撤退到後方訓練。

他們的歌聲在街頭震盪，他們的腳步在柏油路上擦擦而過，走到江邊，歌聲纔戛然而止，腳步纔停了下來。

江邊有兩隻小火輪，下完客人之後，不再上客人，他們一大隊人，兩隻小火輪裝不下，屁股後面還掛了兩隻拖船，纔算完全擠上去。

小火輪喔喔地叫，吃力地拖着木駁船慢慢前進。他們對於武昌有着一種依依不捨之情。江水雖然在逐漸下落，顏色仍然是那麼渾濁，那滾滾東下的盡是黃色的泥漿，彷彿永無澄清之日。

小火輪和木駁船向對岸前進的速度遠不如下流的速度大，費了三四十分鐘纔靠上碼頭。

他們上岸以後，就在江邊休息待命。

從附近各地逃到漢口的難民流落在江邊的很多，有些難民又從漢口向武昌湧，預備從武昌轉到長沙去，使得開往武昌的小火輪比從武昌開過來的小火輪更加擁擠。

徬徨憔悴的難民，提着包袱，拖兒帶女，望着滾滾的江水發呆，有些女人一面解開胸襟餵奶，一面默默地流淚。

他們不知道停在江邊幹什麼？也不知道到什麼地方去？值星官看大家坐在江邊有點煩躁不安，宣佈自由活動，不要走遠，隨時聽哨音集合。

大家一哄而散，三三兩兩地在江邊散步，在攤販上買零食吃。

一個六七歲的襤褸的女孩子攔住洪通，伸手向他討錢，洪通不給，她扯住洪通的袖子不放，洪通不耐煩地罵了一聲「巴媽日的」，用力一摔，她撲通一聲跌在地上哭了起來。她媽媽心疼地哭着和洪通理論，洪通惱羞成怒從肩上取下槍來對準她罵：

「巴媽日的，妳再鬧老子槍斃妳！」

「同志，妳打死我好了，反正我也活不了，你打死我好了！」那女人大聲地哭叫起來。

「渾蛋！你敢動她一下？你動她一下我先打死你！」謝志高馬上端起槍衝過去對着洪通大罵。

洪通楞了一下，把槍放下來，質問謝志高：

「狗咬耗子，關你什麼事？」

「關係我們大家的名譽！你的槍是對付自己人的？」謝志高大聲地回答，手裡的槍仍然沒有放下。

黃翰文他們馬上圍了過來，黃翰文問洪通：

「你把槍對着女人孩子，這算那門子威風？」

洪通看看情勢不對，背着槍乖乖地走開。

謝志高罵了他幾句，和黃翰文許抱清幾個人湊了一塊多錢交給那個小女孩，小女孩天眞地笑了，她母親更是千恩萬謝，一把眼淚一把鼻涕地說：

「同志，我們也不是生來要飯的。我在家裡有吃有喝，那裡想到鬼子會打來？她爹又炸死了，帶出來的錢全都化光，纔落到這般地步，那位同志要真的把我斃了倒也乾淨……」

說着說着她竟雙手捧着臉啊啊地哭了起來。

他們幾個人搜搜口袋，再也搜不出錢來，黃翰文向劉漢民和胡以羣招招手，他們馬上走了過來。

「你們身上有沒有錢？」黃翰文問。

「幹什麼？」胡以羣反問一句。

黃翰文把那兩母女的遭遇說了一遍，劉漢民從口袋裡摸出一張鈔票遞給那女人，胡以羣遲疑了一下，看見劉漢民給了一塊錢，纔裝模作樣地在身上東搜西找，拿出五毛錢鈔票遞給她。那女人感謝不已，叫小女兒向他們磕頭，他們連忙攔住，這纔千恩萬謝地牽着女兒走了。

胡以羣一個人躲在小擔子上吃臭豆腐乾，看見黃翰文他們走過來更大模大樣地吃着。

這天下午他們沒有吃飯，每人只發三個饅頭，半根醬瓜。

天黑以後他們還坐在江邊，江上的晚風吹在身上已有寒意。

武昌城裡仍然萬家燈火，江上的燈火彷彿天上的繁星，小火輪在江上來來去去，燈光在水上閃閃爍爍，如蕩婦的眼睛。

値星官在江邊走來走去，他的短統皮靴上了馬刺，踏在地上發出咯咯的響聲，隊長不在，他也有些六神無主。

有些人抱着槍呼呼入睡，有些人直打呵欠，有些人在輕輕地談天。

江風打着輕輕的呼哨，黃翰文不禁打了一個寒顫。

許艳濤抱着槍，縮着頸頸。謝志高說了一聲：「眞要命，爲什麼老呆在江邊等？」

他們要劉漢民去問値星官，正好値星官把哨子一吹，要大家集合上船。

他們也懶得打聽，魚貫地走上那條黑煙囪的大輪船。

船上的房間和後艙，特務長已經用粉筆號好，他們上船之後，就按照號過的位置停下來。他們住在最上一層，空氣好，就是沒有頂篷，臨時用帳篷遮蓋。

大家剛把背包打開，舖好，便迅速地躺下，好藉此舒展一下身軀，消除這初次行軍所帶來的疲乏。

船上的人很多，也很嘈雜，過了半個鐘頭，纔逐漸平靜下來。

岸上也漸漸平靜，汽車少了，馬車少了，行人也少了，濱江大道顯得格外遼濶，凄清。白天麕集在江邊的難民，大部份已經散去，一些擠不進難民收容所無家可歸的難民，就在江邊露宿，有的睡在席子上，用破舊的毯子蓋着，有的背靠着牆脚，雙手抱膝，頭垂在胸前，蜷縮得像一隻

刺耳。

陣陣秋風掠過濱江大道，掠過輪船的黑煙囪，掠過劉漢民他們的帳篷。他們已經入睡，廖聲濤的頭縮在灰色的軍毯裡面酣然入夢，他夢見妖冶多姿的許亞琳，又不免糊塗起來。

黃翰文也做了一個夢，他夢見莊靜，夢見她那對大而深沉的眼睛，充滿了幽怨，她彷彿受了無限委屈，想向他傾訴。

第二十二章　一船幽夢秋風裡　三架敵機頭上飛

廖聲濤一覺醒來，太陽已經晒上背脊。他很久沒有睡過懶覺，今天沒有吹起床號，別人也沒有叫他，便一直酣睡着，突然一聲歡呼，纔把他吵醒。

他翻了一個身，再伸伸懶腰，打個呵欠，纔慢慢地坐起來，揉揉眼睛，把毯子掀開，他這纔發覺身邊放了兩個饅頭。

他把軍毯隨便疊了一下，拿着毛巾牙刷去洗臉漱口，弄了半天，纔走到前面來，用漱口缸在鐵桶裡弄了一缸子開水，拿起那兩個饅頭向船舷走去。

他邊走邊咬饅頭，走到黃翰文的背後，把整個身子伏在黃翰文的背上，黃翰文回頭一看是他，笑着罵了一句：

「你沒有骨頭？」

他把饅頭往黃翰文嘴裡一塞，黃翰文咬了一口，又撕了一半下來，他就伏在黃翰文旁邊的鐵欄杆上，兩人邊吃邊談。

「船是什麼時候開的？」廖聲濤問。

「不知道，我也睡着了。」黃翰文搖搖頭。

「那是什麼地方？」廖聲濤指着前面一座城市說，看上去大約還有十幾里路。

「大概是嘉魚？」黃翰文猜測地說。他記得漢口和岳陽之間在水路上只有這麼一個縣城，其他的都是小市鎮。

「這條船走得很快。」

「今天晚上可能到岳陽。」

「到岳陽還開不開？」

「聽說我們要在岳陽上岸？」

「那很好，我們可以到岳陽玩玩。」廖聲濤高興地說。

「能上上君山更好。」黃翰文也興緻勃勃起來。

劉漢民和黃翰君、謝志高他們站在船頭邊，他聽見黃翰文和廖聲濤談話，回過頭來對廖聲濤說：

「小子，你纔起來？」

「你有福不會享，又不上操，起得那麼早做什麼？」廖聲濤說。

劉漢民不再理他，又回頭去和黃翰君指手畫腳地談起來，他們兩人討論的是這一帶的地形地物。

「如果在那座小山頭上設一個砲位，我們這條船就通不過了。」黃翰君指着左前方的小山說。

「不但我們這條船通不過，連那邊的幾個村落都在射程以內。」劉漢民指着右前方幾十戶人家的村落說。

「你哥哥和劉漢民也是寶一對，他們兩人在一塊不是玩槍就是談砲。」廖聲濤聽見他們兩人談話，笑着對黃翰文說。

「他們兩人是天生的軍人。」

「你們兄弟兩人個性完全不同。你歡喜舞文弄墨，他歡喜玩槍帶兵。」

「你到底歡喜那一門？」黃翰文笑着問他。

「我歡喜女人。」廖聲濤望了周圍一眼，輕輕地說，然後大笑起來。

黃翰文也不禁失笑。

「昨天晚上我做了一個夢。」廖聲濤覷了劉漢民一眼，向黃翰文耳語。

「夢見什麼？」黃翰文也輕輕地問。

「夢見許亞琳。」

「怎樣？」

「還不是那回事兒！」廖聲濤又是哈哈大笑。

「奇怪？我也做了一個夢。」

「夢見誰？」

「莊靜。」

「這眞是好事成雙。」廖聲濤在他肩上一拍。

「我的夢可不一樣。」黃翰文皺皺眉。

「爲什麼？」

「莊靜好像很不快活。」

「在那種窯洞裡怎麼快活得起來？」

「她好像有很重的心事？」

「大概是想你？」廖聲濤眼睛一眨。

「也許她已經忘記我了？」黃幹文悵惘地說。

「你們一見鍾情，她怎麼忘記得了？」

忽然東北的天空上發現了三架飛機，大家馬上緊張起來，有的躲進艙裡，有的躲到帳篷底下，黃翰文他們擠在艙門口，不能進去。

溯江而上的輪船有三艘，他們這艘在最前面，大大小小的帆船不計其數，一眼望去，沿江的桅桿彷彿密密的樹林，赭色的，白色的布蓬，織成一片帆海，東北季風把它們脹得滿滿的，微微翹起的船頭，鼓浪前進，一團團白色的浪花，彷彿池塘裡一朵朵盛開的白蓮。

三架飛機從他們頭頂上直飛過去，沒有投彈，也沒有掃射，他們暗自慶幸。飛機走後，躲在艙裡的人又跑出來，大家又靠着船欄談笑。有些人互相打賭，數數江上的帆船到底有多少？有人說有五百多條，有人說不到五百條，可是沒有一個人能說出正確的數目。

正在大家興高彩烈的時候，那三架飛機又飛了回來，當它們飛近輪船上空時，突然改變隊形，一架跟着一架俯衝下來，大家跌跌撞撞擠進艙裡，廖聲濤的後腳剛剛跨進艙門，就聽見「格格格，格格格」的機槍聲，伴着飛機俯衝時尖銳的嘯聲，以及子彈落在江裡「トトト」的聲音和人的哭叫。

飛機對着輪船和大帆船往返掃射了幾次，纔頭一昂志得意滿地衝上天空，恢復三角隊形，翱翔而去。

飛機走後十幾分鐘，大家纔從艙裡鑽了出來，船上中了不少子彈，有的打穿了木板，有的嵌在木頭裡面，帆布帳篷打了很多窟窿，彈頭散落在甲板上面，幸好船上的人全部躲進艙裡，沒有死傷。

中間那艘輪船有人呻吟叫喚，一隻帆船的舵手中彈死了，舵柄突然一歪，白帆搖搖擺擺，桅桿向水面一倒，船身覆了過來，有人落水呼救，抓着木板在水裡一沉一浮，後面一隻帆船恰好趕了上來，及時把落水的人救起，那隻傾覆的帆船一會兒就船底朝天了。

「好險！又撿來一條命。」許揭清走出船艙拍拍胸口。

「大難不死，必有後福。」廖聲濤接着說：「子彈在我後面嗤的一聲，沒有打中，眞是命大。」

「好大的狗命。」劉漢民笑着罵他。

第二十三章　岳陽城頓成大海
轟炸機墜毀稻田

船到岳陽時已經萬家燈火，大家對於這座洞庭湖畔的名城嚮往已久，岳陽樓巍然矗立，君山遙遙相對，八百里洞庭碧波盪漾，彷彿一顆翠綠的大寶石，和赭黃色的長江完全兩樣。

特務長和軍需上士上岸去找房子住，他們上岸之前，値星官要大家互相檢查服裝：扣子是否掉了？背包是否打好？檢查完畢纔魚貫上岸，集合整隊，並且愼重地點了一次名，隨即吩咐大家坐下休息，等候特務長回來。

等了三、四十分鐘，軍需上士纔跑回來，報告戴區隊長說房子找好了。

戴區隊長點點頭，馬上發出「起立」口令，整隊下船。

軍需上士和特務長找的都是老百姓住家的房屋，以班爲單位，在堂屋裡打地舖。他們到達的時候特務長也從另一個地方趕了回來，他報告戴區隊長說稻草已經交涉好了，請各班自己派人去揹。

戴區隊長問有多遠？他說有兩里路。

每班除了留一兩個人打掃看守之外，都卸下槍枝背包去揹稻草。

他們從火車站附近一條小街上走過，纔發現許多房屋倒了，有的是早幾天炸的，有的是今天炸的，老百姓還在瓦礫堆中哭哭啼啼。有一家安徽難民，大小六口，全都炸死，還沒有收屍。一個老太婆撫着獨子的屍體哀哀地哭泣。

特務長把他們帶到城外一個農家，給了那家人一點錢，就吩咐大家卸一個圓錐形的稻草堆。劉漢民爬到圓錐頂上一捆捆地往下拋。廖聲濤從中間抽了兩捆，揹起就想先走，張班長不許他走，劉漢民也罵他，他把稻草往地上一拋，人就隨着躺了下去。

張班長不高興地看了他一眼，洪通更側目而視。

他目中無人地躺在稻草上。

「你怎麼這樣吊兒郎當？」黃翰文責怪他說。

「你也來躺一下，眞像睡在棉花簍裡一樣舒服。」他笑着拍拍稻草。

直到劉漢民從稻草堆上跳下來，他纔一躍而起，連忙把稻草揹在肩上。

他們把稻草揹回來又忙着舖在地上，打開背包，把地舖舖好。

他們雖然沒有水洗澡，却睡了一夜舒服的覺。

第二天清早跑步上岳陽樓，岳陽樓的對聯很多，都是出自名家手筆。

站在岳陽樓上看洞庭湖，眼界更寬，一眼望去，碧波萬頃，無涯無際。

雖然是清早，湖上已經有點點白帆，在碧波中起伏，幾艘大的烏蓬船正揚帆而去。

劉漢民和黃翰君對着洞庭湖練習口令，黃翰君的聲音清亮，劉漢民的聲音雄渾。廖聲濤也亂吼亂叫，不成腔調，大家笑他，他一點也不臉紅。

在岳陽樓停了三十多分鐘，值星官又帶隊回去。一路唱歌，一路喊一二三四。

吃過稀飯，本來預備出操，却碰上了警報。值星官遵照隊長的吩咐，把大家帶上山去躲警報。

這座山離城裡有兩三里路，有一個三國時的古蹟「小喬墓」，墓園不大，也不十分荒凉。大喬小喬是東吳有名的大美人，他們看過三國，當然知道。謝志高在墓前徘徊了一會，感嘆地說：

「好男兒當如周公瑾。」

「討[illegible]當如大小喬。」廖聲濤脫口而出。

「你一個人不能討兩個？」黃翰文笑着說。

「這種美人一千個我也不嫌多。」

「你這小子眞渾球！」劉漢民在他肩上搥了一拳。

廖聲濤一手摟着肩膀，怔怔地望着劉漢民，突然大聲地說：

「如果周瑜是你這樣的大傻瓜，小喬決不嫁他！」

「那她一定嫁給你。」劉漢民說。

廖聲濤原先以為劉漢民又要打他，想不到劉漢民竟笑嘻嘻地這麼說，他先是心頭一樂，後來想想不對，小喬長眠地下已經一千多年，生死異路，這簡直是罵自己，他沒有想到劉漢民還有這種心機，不禁啞然失笑。

隨後値星官要他們沿着山邊挖防空洞，一人一個，以防空襲。不久別人都挖好了，廖聲濤卻一鍬未挖，躲在一棵榕樹下睡覺，値星官一氣，罰他晚上二至四的衛兵。

緊急警報過後不久，遠遠地飛來了九架飛機。因為岳陽沒有幾架高射砲，它們就肆無忌憚，飛得很低，湖邊除了商船之外還停了兩艘灰色的砲艇，一部份飛機把它們當作攻擊目標，一部份飛機轟炸車站，炸彈嘘嘘地投下，轟隆轟隆地爆炸，一團團煙火往上直冒，房屋嘩啦嘩啦地倒下；掉在水裡的炸彈激起的水柱沖到四五丈高，水花像煙火一樣地散開，千萬朶銀花向四面飛迸，又弧形而下。

正在這時候，忽然其中一架飛機屁股冒煙，搖搖擺擺，一個跟斗栽了下來，轟隆一聲，墜落在車站附近的一塊稻田裡。

他們鼓掌歡呼起來。

自那架飛機打下之後，其他八架飛機連忙飛走，飛得七零八落，不成隊形，大家看了心裡非常痛快。

「鬼子，就要這樣給他十個耳光！」值星官興奮地說。

解除警報後大家把槍往肩上一揹，吵着要值星官帶他們去看飛機，值星官請示隊長准許他們去看，於是他們蹦蹦跳跳地快步下山。

走近火車站，一片混亂，哭聲盈耳，車站沒有炸着，鐵軌也沒有損壞，老百姓的房子却倒了不少，人也死了很多，屍體橫七豎八地躺着，有的腸子流了出來，有的斷手斷腳，看了怵目驚心，火藥味混着血腥，聞着令人作嘔。

還沒有走到飛機掉落的地點，老遠就看到圍了一大堆人，有警察，有老百姓，也有軍人。他們走近時先聞到一陣汽油味和人肉的焦臭，擠到人叢裡一看，飛機摔得七零八落，翅膀摔得老遠，機身粉碎，四個人燒成四個大黑炭，一個大黑炭靠在駕駛座上，三個黑炭掉在田裡，其中一個埋進了半截，只有兩條腿翹在泥漿外面。

「不殺的鬼子，真是活報應！」有人在恨恨地咒罵。

「狗吃的，把他拖起來餵狗！」一個三十多歲的壯漢咬牙切齒地說。

放牛的孩子們撿起石塊往屍體上扔，一面扔還一面罵，直到警察干涉纔住手。

廖聲濤在田坎邊拾起一條黃金般的金屬破片，正好作個紀念。

大家心裡都很愉快，劉漢民高興地說：

「今天打下一架飛機，總算出了一口鳥氣！」

第二十四章　站衛兵存心報復
區隊長啞子吃虧

吃過晚飯，他們上街蹓躂，岳陽街上的燈光沒有武漢的亮，店舖也沒有武漢的大，馬路更沒有武漢的寬，以市容來講，岳陽比武漢是差多了。

他們逛逛百貨店，很想買點日用品，可是問問價錢，比武漢撤退前夕貴好幾倍，比平時也貴。劉漢民他們都沒有在武漢買東西，現在毛巾牙刷都壞了，纔想起要買，又沒有錢，只有胡以鞏一人有錢，可是劉漢民他們不知道。

他們從一家館子門口經過，菜廚裡掛着一隻肥嫩的油雞，盤子裡擺着一盤盤醬紅色的肫肝和滷牛肉，小木盆裡養着一盆活鱔魚，在水裡鑽來鑽去，簍簍裡還有半簍活螃蟹，嘴裡吐着白色的泡沫。

廖聲濤走上前去一看，饞涎欲滴，灶上又噴出陣陣香味，廚師的鐵杓在鍋上敲得噹噹響，夥許着見廖聲濤走過來，連忙把手一伸，腰一躬，笑着說：

「請進！請進！」

「請不請客？」廖聲濤望望劉漢民。

「我一個子兒也沒有。」劉漢民搖搖頭。

「翰文，你請！」他伸手把黃翰文一拉。

黃翰文連忙搖手，輕輕地說：

「我也沒有錢。」

廖聲濤望了大家一眼，大聲地說：

「怕鬼，我一個人吃了再說。」

他直衝進去，黃翰文一楞，劉漢民罵他：

「小子，我看你怎麼走得出來？」

他不理會劉漢民的話，大模大樣地坐在那裡，大家正在替他着急，胡以鞏笑着對大家說：

「走，我們一道進去。」

大家怔怔地望着胡以鞏，沒有一個人移動腳步。胡以鞏連忙把口袋一拍，大家纔高興起來，一窩蜂地湧了進去。

「又想吃羊肉，又怕惹身騷，你們看我走不走得出去？」廖聲濤嘲笑大家。

「小子，你別吹。」劉漢民說：「如果不是以群有錢，你不丟人纔怪——」

「丟人？」廖聲濤叭的一下，掏出他那枝老派克在空中搖晃：「這支派克總可以抵得一頓吃？」

「小子，好在你只有這點家當！」

「舊的不去，新的不來。」他把鋼筆插進口袋。

「完全是敗家子的口氣。」劉漢民搖搖頭。

茶房躬着身子問大家吃什麼？廖聲濤搶着說：

「每人一盌蟹黃麵，再切一盤鷄肫肝，一盤油鷄。」隨後又問問劉漢民和謝志高：「要不要來瓶白乾？」

「你小子真賴，又不是你請客，你怎麼反客爲主？」劉漢民罵他。

「煙酒不分家，你何必這麼迂？以群旣然有心請客，還怕我們的肚皮大？」

胡以羣只好點頭。夥計把他們要的東西對廚師大聲地唱了一遍。

油鷄、肫肝和白乾先送上來，他們一面喝酒一面談笑，廖聲濤酒喝得最少，話最多，聲音也最大。

酒菜吃到一半，蟹黃麵端了上來，每人面前一碗，熱氣騰騰，劉漢民和謝志高還在喝酒，其他的人都搶着吃麵。一會兒風捲殘葉似地全吃光了。

他們又在街上蹓躂了一會，看看櫥窗，看看女學生，在一家店舖門口，他們瞧見洪通和張班長一道逛街，洪通跟在張班長的屁股後面，手裡拎着一個小防空袋，裡面裝了兩個大蘿蔔和一點日用品。

張班長笑着和他們招呼，他沒有以前那麼神氣，因爲他的那點貨色已經賣完了，以後分科教育他連班長都當不成，所以他不能不客氣一點。當然大家也和他敷衍了一下，除了胡以羣以外，幾乎沒有一個人理洪通。

他們兩人過去不久，謝志高朝着洪通罵了一句：

「丟人，簡直像個馬弁！」

「我要是當了隊長，夜壺他也會倒。」廖聲濤說。

「小子，要是那次打架他把你整下來了，他不騎在你頭上纔怪？」劉漢民說。

「他別做夢，想騎在我的頭上？」廖聲濤不服氣。

「他有張班長易區隊長支持他，你有什麼辦法？」黃翰文問他。

「我自然有辦法整他。對付這種傢伙還能用君子之道？」

黃翰文實在想不出用什麼方法對付洪通這種人？以爲廖聲濤也只是嘴上說說。

「我看你是鐵嘴豆腐腳。」

「你不相信算了，以後我總有機會亮幾手給你看看。」廖聲濤神祕地望了黃翰文一眼。

他們在街上盡興玩了一陣，纔姍姍歸來。

他們回來時，房東的女兒小鳳正在燈下溫習功課，她看廖聲濤和黃翰文回來，非常高興，要他們教她做數學，黃翰文教她做出來了，她高興得直跳。廖聲濤逗着她談笑，臨時編了幾個笑話講給她聽，她笑得前仰後合。

直到値星官吹哨子集合晚點，他們纔停止談笑。

也許因爲喝了酒，黃翰文廖聲濤他們這一夜睡得特別香甜，稻草地舖簡直是溫柔鄉。

廖聲濤好夢正甜，忽然被十二至二的衛兵搖醒，他老大不高興，睡眼朦朧地質問那個衛兵：

「半夜三更你搞什麼鬼？」

「快兩點了，該你的衛兵。」那個衛兵用手電筒照照手上的鬧鐘說。

「你暈了頭？明天晚上纔能輪到我。」他罵那個衛兵，他根本忘記了自己白天挖防空洞偷懶，値星官易區隊長罰他一班衛兵這回事。

「値星官罰你二至四的衛兵，明天晚上你還要站。」

「値星官渾蛋！」

「你別睡着罵，要罵起來罵。」那個衛兵幽默地說。

他把毯子往頭上一蒙，又縮了進去。

那個衛兵又把毯子揭開，鄭重地對他說：

「喂！你到底起不起來？」

他翻了一個身，瞇着眼睛對那個衛兵說：

「老兄，你代我一班好不好？」

「沒有這麼好的事，你要睡覺我不要睡覺？」那個衛兵不肯通融。

他又罵値星官渾蛋，罵了幾句纔慢慢爬起來，那個衛兵看他起來心裡非常高興，笑着對他說：

「你儘管罵好了，我不打你的小報告。」

那個衛兵看他穿好了上衣，就先走了。他等那個衛兵一走，又和衣躺下去睡，那個衛兵等了十幾分鐘不見他去，又趕了回來，用電筒一照，看他睡着了，氣得把毯子一扯，厲聲地問：

「你怎麼搞的？到底接不接衛兵？」

廖聲濤只好再爬起來，那個衛兵看着他打好綁腿，繫好子彈帶，拿起槍來，纔和他一道出去，在崗位上把鬧鐘手電筒交給他，口令告訴他，纔走。走了幾步又回過頭來對他說：

「從現在起，出了事歸你負責！」

「滾你的蛋，太監摟着窯姐兒，有個屁事。」他不耐煩地回答。

他把鬧鐘往樹腳下一放，又罵起値星官易區隊長來：

「老子又沒有挖你的祖墳，你罰我二至四的衛兵，缺德鬼！那天老子要你吃不了兜着走。」

他在桂花樹下踱來踱去，桂花的殘香不時飄進他的鼻孔裡來，使他的睡意漸漸消失。夜深人靜，沒有一點聲音，這條小街彷彿死了一樣，街頭一盞路燈，昏昏暗暗，如同死人靈前的油燈。他並不怕，只覺得夜太長，太靜，時間過得太慢，兩個鐘頭的衛兵眞要站死人！

他把槍揹在肩上，繞着樹身踱着方步，踱了半天，看看鬧鐘，還只過十幾分鐘，心裡又急又氣。他從肩上取下槍，拉開槍機，按上一排子彈，把保險關好，往肩上一揹。踱了一會，又覺得不太妥當，萬一走火，會惹麻煩，這種爛槍是很容易出毛病的，他重新把子彈取了出來，打了一個呵欠，伸了一個懶腰。

他把鬧鐘拿了起來，用手電筒一照，只過二十多分鐘，他靈機一動，想把它撥快三十分鐘。

忽然傳來一陣咯咯的皮鞋聲，他抬頭一望，發現値星官易區隊長正從小街那頭走來，在暗淡的燈光下，彷彿顯得更矮。他馬上把鬧鐘放下，把槍揹好。

忽然一個奇怪的意念在他心中一閃，他嘴角泛起一絲笑意。

他把槍放下來，把身子往樹幹上一靠，兩手抱着槍閉着眼睛打起呼嚕來。

易區隊長橐橐的皮靴聲一步步走近，他的鼾聲也一聲聲提高，易區隊長快走近他時，用手電筒向他一照，看他那麼歪歪斜斜地靠在樹上，閉着眼睛打鼾，暗暗罵了一句：

「吊兒郎當！」

易區隊長是湖南人，行伍出身，做事很負責任，就是性子過於火爆，眞像隻叫驢子，又愛聽小話，他對廖聲濤的印象一直不好，因爲廖聲濤不在他那一區隊，平時沒有機會整他。這次當了値星官，總找着機會罰廖聲濤這班二至四的衛兵。

他沒有把廖聲濤叫醒，他想重重地處罰廖聲濤一頓，他曾經打過一個同學的屁股，也準備着實揍廖聲濤幾扁擔，把屁股打爛，使他不敢再吊兒郎當。他伸手去輕輕地抽廖聲濤的槍，如果廖聲濤站衛兵丟了槍，那是一個不可饒恕的過錯。

當他把廖聲濤的槍抽出三分之一時，廖聲濤突然大吼一聲，槍托向上一揚，重重地打在他的下巴上，他哇的一聲倒退幾步，廖聲濤又趕上去補一槍托，然後把手電筒一照，看見他雙手托着下巴，眼淚都流了出來，廖聲濤故作驚訝地說：

「唉呀！區隊長，怎麼是你？」

「好！你打我？」易區隊長結結巴巴地威脅他：「毆辱長官，這還了得？」

「報告區隊長，半夜三更，我以為是漢奸土匪來奪我的槍，纔拼命抵抗，我絕對沒有想到是你查夜？」他必恭必敬地立正：「幸好我把子彈取下來了，不然那更糟糕！」

易區隊長托着下巴楞楞地望着他，又厲聲地問：

「你為什麼打瞌睡？」

「報告區隊長，我實在太累了！」廖聲濤可憐巴巴地說。

「累了！累了還有這麼大的勁？」易區隊長揉揉下巴說。

「報告區隊長，你告訴我們槍是軍人的生命，站衛兵丟了槍那還得了？所以我不能不拼命。」廖聲濤一本正經地回答。

易區隊長啞子吃黃蓮，有苦說不出，只好故作威嚴地對廖聲濤說：

「你吊兒郎當，站衛兵睡覺，本來該打屁股！總算你還機警，明天罰你打掃全隊的廁所，在早飯以前要統統打掃乾淨，聽見了沒有？」

「聽見了！」廖聲濤大聲地回答。

他狠狠地望了廖聲濤一眼，纔轉身走開，一面走一面揉着下巴。廖聲濤用力蒙住嘴，幾乎笑出聲來。

第二天清早，他規規矩矩地把全隊的廁所打掃乾淨。黃翰文從來沒有看見他這樣勤快負責，心裡非常奇怪，便悄悄地問他究竟是怎麽一回事？他把昨夜的事一五一十地講了出來，兩人在廁所裡大笑一陣，黃翰文也笑痛了肚皮。

「你千萬不要傳出去，易區隊長知道了眞會揍我的屁股！」廖聲濤輕輕地叮囑黃翰文。

「虧你想得出這個歪主意！」黃翰文笑着罵他。

「如果不讓他吃點苦頭，他以後還會常常找我的麻煩。」

「你打得太重，他的下巴腫得像個皮球，恐怕吃不得飯？」

「他打起別人的屁股就不知道人家的肉痛？機會難得，我還給他抓癢？」

黃翰文又忍不住笑了起來。

第二十五章　華誕華延無分別　蒲圻蒲斤變一家

洪通和張班長站在一起看報，洪通一面看一面唸，大家聽了忽然哄笑起來，因爲他把「委員長華誕」唸成「華延」，他不知道大家笑什麽？還神氣十足地瞪着大家說：

「有什麼好笑的？」

大家看他那種自以為了不起的神氣更好笑，謝志高白了他一眼：

「你神氣什麼？你也配？」

「巴媽日的，老子怎麼不配？」洪通把袖子往上一捋，準備打架。

謝志高隨手抓起一柄十字鎬，冷冷地對洪通說：

「你敢動一下，老子要你的狗頭開花！」

張班長連忙用手肘碰了洪通一下，洪通狠狠地瞪了謝志高一眼，悻悻地跟着張班長走開。

「眞是笑話？會有這種大老粗！」黃翰文嘆口氣說。

「他也不照照鏡子？還狗仗人勢！」謝志高放下十字鎬。

「如果他和你打起來，難道你眞的給他一十字鎬？」許揭清笑着問謝志高。

「我還給他客氣？」謝志高乾脆地說。

他們正在談論，忽然値星官吹哨子集合，大家不知道是什麼事？隊伍站好之後，江隊長突然宣佈要離開岳陽，要大家趕快準備，看情形好像相當緊張。

他們連忙打好背包，把稻草捆好，放在後院，又把地打掃乾淨，待命出發。

房東的女兒小鳳放學回來，看見這種情形，有點詫異，她兩隻大眼睛滴溜溜地轉，然後問黃翰文他們：

「你們要走了？」

「嗯！」黃翰文點點頭：「小鳳，妳和我們一道走好不好？」

她扭着衣角不作聲，過了一會又問：

「你們到那裡去？」

「不知道。」

「今天我聽老師說，日本鬼子打過了汀泗橋，是嗎？」

「我們也不知道確實的消息。」

「小鳳，妳學校準備遷移？」廖聲濤問她。

「不會，」她搖搖頭：「校長說，時局再緊張，我們就解散。」

「你不讀書了？」黃翰文關心地問她。

「我也不知道？」她天眞地搖搖頭，兩肩一晃，蹓進裡面去了。

房東看見他們準備走，也有點心慌，本來他捨不得離開自己的家，又因爲有一個弟弟在當團長，萬一日本人來了，恐怕對他不利，以致心裡老是捉摸不定。

他自己雖然搞得苦惱，可是對於他們卽將離去，仍然不免有點惜別之感。他要小鳳提了一袋花生，送給他們這班人，張班長不好意思接受，他誠懇地說：

「張班長，不必客氣，你們走得太匆促了，我也來不及送別的東西，[illegible]新出土的花生，剛炒的，土產，不成敬意。」

張班長代表大家一謝再謝，纔接受下來。

黃翰文送了小鳳一本書，廖聲濤送了小鳳兩支好鉛筆，其他的人也送了一點小玩藝，洪通什麼都沒有送。

他們送的雖然沒有一樣値錢的東西，可是小鳳却很高興，房東也很開心。

當他們整隊出發時，他們一家人都站在大門口歡送，小鳳睜着兩隻大眼睛望着他們。

他們一隊人上了兩隻大木船，隊部和第一區隊在一條船上，第二三區隊在一條船上，木船雖然不小，他們幾十個人再加上槍枝背包，眞的擠得連轉身的地方都沒有了。

剛一上船，洪通便搶先佔了一個鄰舵桿的好地方，又代張班長佔了一塊，他把背包槍枝擺了起來，不許別人佔據。

廖聲濤上船遲了一步，已經沒有好位置，他不想在黃翰文身邊擠下去，看見洪通那邊空了一大塊地方，他擠了過去，正想把背包放下，洪通却把他的背包一推。自從廖聲濤罰站衛兵，打掃廁所之後，廖聲濤在洪通的心目中又一落千丈了。

「這位子是空的，爲什麽不讓我坐？」廖聲濤問他。

「這是張班長的，你怎麽能坐？」洪通不客氣地回答。

「張班長在後艙，我怎麽不能坐？」廖聲濤說。他看見張班長坐在後艙和王班長聊天，似乎不需要這個位置。

「他等會就到前面來。」

「他來了再說，我先坐坐。」廖聲濤說着又把背包往下放，背包一滾，壓着了洪通的脚、洪通把它一脚踢開，廖聲濤一把抓住洪通的胸襟，兩人拉扯着要打起來，被易區隊長看見，立刻把他們喝住，兩人就在易區隊長面前理論起來。易區隊長起先有點袒護洪通，後來廖聲濤火了，大聲地說：

「他拍馬屁也不是這樣拍法，我沒有地方坐，他佔着茅坑不拉屎，區隊長，你說應該不應該？」

易區隊長想想自己的下巴剛剛消腫，知道廖聲濤不好惹，別的同學對洪通也沒有好感，他只好見風轉舵，叫廖聲濤坐下。

「眞是笑話？一個芝蔴大的班長就值得這樣拍？」廖聲濤對許挹濤說。

「你過來坐。」許挹濤怕他又和洪通吵架，連忙讓出一點地位。

「過來，這裡可以擠一下。」黃翰文也讓出一點地位。

「我剛坐下來，爲什麼要放棄？」廖聲濤說。

「氣味不相投，你坐在那裡又有什麼意思？」黃翰文問他。

廖聲濤瞪了洪通一眼，拎着背包，提着槍，擠到前面來。

廖聲濤一走，洪通馬上把背包槍枝往那邊一放，又佔據了那塊地方。

船停在湖邊一直不開，船老闆不時上上下下，夥計也時常提點木炭蔬菜上來，特務長和軍需上士也上上下下，黃翰文他們却不能隨便離船上岸。

十幾條木船一字排開，每一條船上都擠滿了人，有的背靠背擠着坐，有的盤腿彎膝地坐着，很不舒服。

他們幾個人說說笑笑，倒也不怎麼寂寞。洪通因爲沒有人和他講話，就自個兒靠在桅桿上看報，邊看邊唸：

敵軍圖犯蒲圻

我決迎頭痛擊

黃翰文他們面面相覷，不知道這是什麼地方？後來纔恍然大悟，又不禁啞然失笑，因爲敵軍是圖犯「蒲圻」，洪通却把它唸成「蒲斤」了。

第二十六章　野店徐娘姿色好　蘆花夕照晚風搖

第二天天剛亮，十條雙桅帆船，一字排開，揚帆出發，正好遇着不大不小的東北風，每條船都扯起滿篷，走得十分輕捷。

洞庭湖的水是澄清碧綠的，彷彿午夜貓兒的眼睛，那矗立在湖心的君山，有如一粒葡萄乾，漂浮在萬頃碧波之上。早起的太陽，露出一張圓圓的紅臉，在碧綠的湖面，灑上萬道金光。

黃翰文跪在船舷，用洋瓷缸在湖裡掬水漱口，洗臉，湖水非常清涼，有一種甜甜的味道。

「奇怪，洞庭湖的水也是甜的？」黃翰文對謝志高說。

「湖南是中國的穀倉，洞庭湖的水不知道養活了多少人？」謝志高說。

「日本人打進了我們的穀倉，他們就不會餓死。」

「湖南騾子的辣椒脾氣可也不好惹。」

「希望中國的斯巴達人能夠站起來，給日本鬼子一點顏色。」

「他們吹牛三個月滅亡中國，現在一年多了，我們還不是照樣打？」

「希望能夠打個漂亮的仗，消滅它一師團。」

「那只有派我當戰區司令長官。」廖聲濤在艙板上慢慢地翻了一個身，大言不慚地說。

「小子！」劉漢民抽出嘴裡的牙刷，指着廖聲濤說：「太陽曬着屁股了，你還不起來？如果你當了戰區司令長官，我們就死無葬身之地了。」

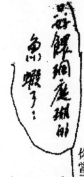

「正好拋到洞庭湖裡餵魚。」廖聲濤連忙爬了起來，躲到黃翰文的背後去。

「小子，你小心我眞的把你拋到湖裡餵魚？」

「那我正好在洞庭湖裡洗個澡。」廖聲濤兩肩一聳，做了一個鬼臉。

劉漢民把漱口缸裡的水往廖聲濤臉上一潑，廖聲濤哇哇地叫了起來。

「小子，先讓你洗個臉，你就鬼叫起來，」劉漢民笑着說：「我要是眞把你拋進洞庭湖，你不喊救命纔怪？」

廖聲濤抹抹臉上的水，向劉漢民挑戰：

「大傻瓜，有本事我們一道跳下去？」

「小子，你要是有種跳下去，我不跳就是兎崽子。」

廖聲濤望望劉漢民，走到船舷，裝腔作勢，黃翰文把他一拉：

「洞庭湖的水你喝得乾？要死也不是這個死法。」

廖聲濤看見黃翰文拉他，更裝腔作勢起來，偏着頭對黃翰文說：

「別拉，讓我跳。」

「翰文，你別管他，」劉漢民向黃翰文擺擺手：「這小子是個孬種，他決不敢跳。」

「你眞想他淹死？」黃翰文笑着問劉漢民。

「淹死了我負責。」劉漢民拍拍胸脯。

「你倒慷慨？」廖聲濤回過頭來對劉漢民說：「命是我的，我不跳了。」

他一屁股坐了下來，黃翰文打了他一下：

「淸早起來你就窮開心，以後你眞的投水我就推你一把。」

「你總不能像大傻瓜一樣見死不救？」廖聲濤笑着對黃翰文說。

「我就知道你小子是個孬種。」劉漢民接嘴。

「你總想看我出洋相？我纔不上你的當，洞庭湖又不是洗澡[illegible]。」

洪通一直冷眼注視廖聲濤，他眞希望廖聲濤跳下去。他心裡這樣想：

「淹死你這個巴媽的的我纔痛快」

可是廖聲濤並沒有跳，反而坐了下來，別人好笑，洪通却有點失望。

「不要臉！」他心裡暗罵廖聲濤。

誰也沒有注意他，誰也不知道他心裡想些什麼？

廖聲濤的跳水趣劇結束之後，洪通感到有點無聊，他把槍機卸下來，拆開，用油布擦得雪亮，又用通條通通槍膛，易歷隊長看見了又當衆獎勵他一番。要大家跟洪通擦槍。

他們擦擦槍，聊聊天，看看風景，不知不覺已經日上三竿。當採買的同學，端着一個箩箕，分發饅頭醬菜，每人三個饅頭，一條醬黃瓜，此外什麼都沒有，採買還特別聲明，船上地方小，起伙不便，每天只吃兩頓饅頭。

三個小饅頭，別人還可以勉强應付一頓，劉漢民實在不够，黃翰文看他意猶未足，分了半個饅頭給他，他也老實不客氣地接着吃了。

廖聲濤坐在船舷上用饅頭皮餵魚。他把饅頭皮撕得很碎，向湖面上一撒，魚沒有看到，却引得附近的幾隻白肚皮水鷗，嘎嘎地飛過來，有的在低空盤旋，有的浮在水面，饅頭皮一拋過去，牠們就嘎嘎地叫起來。

偶爾也有一群瘦長的小魚浮到水面爭食，看見水鷗飛過來，小魚就閃電似地四散逃開，青背脊，白肚皮，在水中閃閃發亮，像一條條小銀蛇。

東北季風一到下午就漸漸微弱下來，船過羅家洲之後走得更慢了。黃昏時抵達草尾，拋錨過夜。

草尾是一個小集，有些茅草房子，幾家小店舖，一家肉案子，魚却不少，而且便宜。

黃翰文一行七八個人，上岸來散步，舒舒筋骨，岸上完全是沙地，地上有一層浮沙，很多沙滲進草鞋裡，每人都弄了一腳灰沙。

家家都在點燈吃飯，有的用美孚油燈，有的用香油燈，一陣陣飯香，從屋裡飄出來，沖進他們的鼻子，更使他們感到饑餓。尤其是劉漢民，下午三四點鐘吃的三個饅頭，簡直不濟事，他比別人更餓，口袋裡又沒有一文錢，只好悶聲不響，廖聲濤一聞到飯香就老實不客氣地問大家：

「你們有沒有錢？我肚子在唱空城計。」

大家面面相覷，胡以羣看出大家的窘態，笑着問廖聲濤：

「你想吃什麼？」

「最好是大魚大肉。」

「這裡沒有館子。」胡以羣搖搖頭。

「那邊有個小飯舖，我們去看看。」廖聲濤指着前面一家土牆茅頂的房子說。

於是大家一哄走了過去。

開這個小飯舖的是一位三十多歲的徐娘，雖然是鄉村婦女，人却長得乾淨俐落，眉眼會說會笑，她看見他們這一群人過來連忙上前招呼。

廖聲濤在灶上看看，把鍋蓋湯罐揭開，裡面什麼都沒有。水缸邊上有個提桶，提桶裡面養了鯽魚，他伸手下去一摸，魚就彈了起來，他捉住了一尾，提出來一看，是有一斤多，他高興地叫了起來：

「好大的鯽魚！今天可以大吃一頓。」

「怎樣吃法？」老闆娘笑着問他：「豆豉清蒸，還是紅燒？」

「鯽魚燒蘿蔔，另外來盤炒雞蛋，快！」廖聲濤推着老闆娘說。

老闆娘迅速地把蘆葦把子點燃，往灶裡一塞，又吩咐她的十二三歲的女兒坐在灶下燒火，她趕着淘米，剖魚，洗菜，手法非常熟練。廖聲濤他們看了一會又一起踱了出來。

他們沿着堤岸漫步，湖邊停了不少的船，除了他們的十條大船之外，還有本地的小漁船，以及在此地過夜的客船。

一丈多高的蘆葦，在晚風中搖曳，蘆葦頂上開着白花，像三月的楊花般地亂飛，岸邊，湖汉，蘆葦成林，蘆花似雪。有些蘆葦砍了，蘆葉剝掉，蘆稈黃黃的像釣魚竿，捆成一束束，堆在岸邊，準備裝船。

他們邊走邊談，走了好半天，纔回到小飯舖，老闆娘看見他們回來，站在門口笑盈盈地說：

「飯菜都快冷了，列位眞是一群花脚貓。」

廖聲濤向她眨眨眼睛，她裝作沒有看見。

活鯽魚燒蘿蔔，弄了一大砂鍋，味道特別鮮美，在美孚油燈下，大家搶着吃，吃飽之後，話就多了起來，大家都讚美老闆娘菜弄得好，你一句，我一句，講得老闆娘子眉開眼笑。

「老板娘，妳這手鯽魚燒蘿蔔眞呱呱叫，要是去岳陽開館子，保險擠破屋。」胡以羣說。

「我們鄉下人，沒有見過大市面，那能去城裡賺大錢？」老闆娘笑着回答：「再說，現在兵荒馬亂，城裡挨炸彈，還是鄉下好。」

「城裡怕炸彈，鄉下怕土匪，妳們這地方安不安靜？」劉漢民問她。

老闆娘起初避而不答，過後又滿不在乎地說：

「我們窮人家，天塌下來都不怕。」

「土匪要壓寨夫人，妳不怕？」廖聲濤冒冒失失地說。

「我老了，誰要老娘？」老闆娘風趣地一笑。

「小子，你吃虧了。」劉漢民碰碰廖聲濤。

廖聲濤摸摸鼻子，笑着對老闆娘說：

「老板娘，妳看起來還像十八歲，怎麼就賣起老來？」

「你先生年紀輕輕的，何必尋老娘開心？」老闆娘似嗔似喜地回答。

廖聲濤的臉皮雖厚，也不好再說下去。黃翰文接着問她：

「老板娘，老板呢？」

「出門去了。」老闆娘輕描淡寫地回答。

「老板娘，他要是在外面有了相好，妳怎麼辦？」廖聲濤又冒失地說。

「誰要他那個武大郎？」老闆娘嗤的一笑。

胡以寧掏了一塊錢法幣給她，她隨即在一個長長的竹筒裡倒出一毛錢找他。

「喲！妳還在我們面前哭窮？這裡面不盡是金銀財寶？」廖聲濤故意伸手去拿。

老闆娘把竹筒一縮，在廖聲濤手背上拍了一下，廖聲濤哈哈地笑了起來。

他們回到船上時，易區隊長很不高興，大聲地問他們：

「你們怎麼這個時候纔回來？」

「我們在飯舖裡吃飯。」

「你們知不知道？上面有了情報，有一股土匪正向草尾來，那家飯舖就不可靠，你們再不回來我要派人去收屍了！」易區隊長大發雷霆。

他們聽了面面相覷，不敢作聲，易區隊長吩咐劉漢民和黃翰君兩人：

「今天晚上你們兩人站二至四的衛兵，一個站船頭，一個站船尾，要特別小心，如果岸上發現可疑的人，水上發現可疑的船向我們接近，儘管開槍。」

黃翰君和劉漢民都有一枝好槍，他們兩人的術科也好，人又鎮靜，所以易區隊長特別選派他們站這一班的衛兵。

他們兩人說了一聲「是」，易區隊長才揮揮手叫他們回到自己的位置。

他們坐在船舷，把腳連草鞋一起放在水裡蕩來蕩去。

十月的天氣已經很有寒意，黃翰文和廖聲濤他們都睡在艙面上，身上只蓋了一床灰色的軍毯，人像蝦子般地弓着，連頭帶腳蒙蓋起來。

洪通蓋了兩床軍毯，因為張班長擠在特務長的被臥裡睡，他就拿了張班長的軍毯加在身上，他睡得比較舒服，但不斷地做夢，間或說說夢話，咬着牙齒罵「巴媽日的」，卻分辨不出來是罵誰？

廖聲濤也在做夢，他夢見的是大鯽魚，和荊釵布裙，美麗風流的老闆娘子，他也不時發出夢囈，甚至斷續地笑出聲來。

黃翰文睡得非常安靜，沒有一點聲音。

劉漢民和黃翰君卻在睡中被別人叫起來換衛兵，他們迅速地穿好衣服，揹着槍，分別站在船頭船尾守望，草黃色的單軍服，已經抵禦不了午夜的寒氣，他們血氣方剛，仍然在寒風中微微顫抖。船頭船尾地方太小，不能運動，只能前後左右轉轉身子，抵抗寒氣侵襲。

他們的步槍裡面都按了一排子彈，一隻水鳥偶然從湖上飛起，他們迅速地取下槍來，岸上蘆葦叢中如果有什麼響動，他們更會睜大眼睛，把槍端起。附近的幾隻小漁船，和湖中大沙洲邊上的大船，他們都特別注意。雖然值星官吩咐他們發現可疑的目標時可以開槍，但是他們都很鎮靜。

忽然遠處啪的一聲，劃過靜寂的夜空，顯得特別尖銳刺耳，他們知道這是槍聲，而且和自己手中的槍一樣，如果他們也放一槍，也會發出同樣的聲音。

他們並不驚慌，放槍的人離此地最少有兩三里路，可是值星官易區隊長却從艙裡爬出來輕輕地囑咐劉漢民和黃翰君特別小心。

易區隊長很有作戰經驗，他參加過上海南京保衛戰，在南京撤退時他是抱着一扇門板渡江逃到浦口的。他囑咐他們兩人之後，又回到艙裡去睡。

這以後再也沒有聽見槍聲，也沒有發現什麼可疑的目標。

「也許他們知道我們有準備？不敢來了？」劉漢民這樣想。

「要是土匪眞的來了，打一仗也很好玩。」黃翰君這樣想，他很想試試手中這桿槍。

「老板娘，妳眞漂亮……」廖聲濤在講夢話。

「莊靜，莊靜……」黃翰文在夢中輕輕地呼喚莊靜的名字。

「巴媽日的，老子總有一天……」洪通也在講夢話。

忽然遠處傳來幾聲沉悶的銃聲，他們兩人的心情一緊，隨即聽見雁群嘈雜的叫聲，這纔恍然大悟，原來有人用銃打雁。

一群一百多隻的雁從遠處向他們飛來，又從他們頭上呷呷地飛過，飛到湖中的沙洲上空就打圈圈，嘈雜地叫，盤旋了半天，纔在沙灘上紛紛落下。

不久，又有一二十隻雁零零落落地飛來，向湖中沙洲飛去，飛得很慢，有幾隻雁終於不能再飛，撲通撲通地掉進湖中。

「這些雁眞倒楣，睡得好好地送了命。」黃翰君自言自語。

「不知道打死了多少？飛出來的總算幸運。」劉漢民接腔。

「你們不要大意，一大意就會和牠們一樣。」易區隊長從艙裡伸出頭來說。

兩人不再講話，一心守衛，直到交接衛兵時再沒有一點動靜。

他們終於平安地渡過了湖中之夜。

天剛亮，岸邊的小漁船，就出動了，那幾隻掉在湖中的雁，都被本地人撈了起來，他們高興得大笑大叫。

大隊的船在他們的笑聲中啓碇。

微微的東北風，緩緩地移動船身，早起的孩子們蹲在岸邊，看雙桅帆船慢慢地離開，大人們捧着水煙袋，抽着旱煙桿，站在堤上散步，他們口中吐出的煙圈和呼出來的熱氣混在一起，分辨不出來那是煙圈？那是熱氣？

船走了沒有多遠，東方湧起一片紅霞，湖面一片紅光，一輪紅日漸漸地在水天一線之間向上跳動、跳動，跳躍在萬頃碧波之上，整個湖面閃耀着萬道霞光，白帆也染成了紅色，每一個人都紅光滿面，看來朝氣勃勃。

「湖上的日出眞美！」黃翰文望着慢慢向上跳動的太陽說。

「今天的天氣太好，讓我們飽了一下眼福。」許挹清說。

「昨天晚上遇着了漂亮的老板娘，今天早晨又看見了湖上日出，想不到在草尾這個地方還有這種奇遇？」廖聲濤把兩隻手向黃翰文和許挹清的肩上一搭，伏在他們的身上。

日出的絢爛奇景，漸漸平淡下來，太陽升到一丈多高，不再那麼紅，也沒有先前那麼大了。

船漸走漸遠，在兩個小沙洲中間緩緩穿過，這兩個小沙洲上沒有人家，盡是一丈多高的蘆葦，在微風中輕輕地搖曳。兩隻小木船停在洲邊，人在岸上砍伐蘆柴，這種蘆葦濱湖一帶的人叫作蘆柴，用它作牆壁，當柴火，簡直視同寶物。

早餐後，東北風漸起漸大，船順着風嗞嗞地前進，比剛開頭時快得多。一小時之後就進入狹窄的河口，走了一個多鐘頭，湖面又寬濶起來。中午過漢壽，到常德時已經萬家燈火了。

第二十七章　一見鍾情留美夢　時常請客結人緣

在船上他們一直沒有睡好覺，這天晚上在萬壽宮睡稻草地鋪，睡得非常安穩，非常香甜。

黃翰文起來時已經八點半。今天起得最早的是劉漢民和黃翰君，他們洗過臉，散過步回來，看見廖聲濤還在睡，劉漢民抓着他的一隻脚倒提起來。

廖聲濤睜開朦朧的眼睛望了劉漢民一眼，又倒下去睡，劉漢民在他屁股上踢了一脚，這纔兩手抱着屁股爬了起來。

「洗完了臉來找我。」劉漢民對廖聲濤說。

「什麽事？」

「待會兒再和你說。」

廖聲濤奇怪地望了劉漢民一眼，搖搖擺擺地走到井邊。

黃翰文也在井邊，他已經洗好了臉，正蹲在井邊洗衣服，黃翰文看見廖聲濤走過來笑齊問他

「我沒有叫你，你怎麼起來了？」

「大飯桶把我拖起來的，這傢伙越來越可惡。」廖聲濤說。

「他不拖你，你會睡到中午。」

「反正大休息，睡三天也無所謂。」廖聲濤在吊桶裡掬起一捧漱口水。

「人又不是豬，老是睡覺有什麼意思？」黃翰文抬起頭來望着他：「快點洗臉，我們上街去玩玩。」

「大飯桶要我洗過臉去找他，不知道有什麼鬼事？」廖聲濤一邊漱口一邊說。

「那你快點去，我洗完衣服就來。」

「我也有一套衣服，你替我洗洗好不好？」

「你自己幹什麼的？」

「吃飯睡覺。」

「你就是好吃懶做。」

廖聲濤洗完臉，連忙跑回去，抱出幾件髒衣服往黃翰文面前一放，轉身就跑。

他找到劉漢民，劉漢民帶他到附近的草地上坐下，問他：

「莊靜到底是什麼人？你知不知道？」

劉漢民這突如其來的一問，使得廖聲濤不知道如何回答是好？他仔細看看劉漢民的臉色，然後搖搖頭：

「我不知道？」

劉漢民臉上有點困惑，過了一會又追問一句：

「你眞的不知道？」

「眞的不知道。」廖聲濤又搖頭。

「奇怪？」劉漢民抓抓頭皮，又搖搖廖聲濤：「怎麽翰文一連兩夜都在夢中叫這個名字？」

「那你去問翰文好了？」廖聲濤向他狡猾地說。

「我以爲你一定知道？」

「我又不是他肚子裡的蛔蟲，他的事我怎會知道？」廖聲濤推得一乾二淨。

「我問你，翰文有沒有女朋友？」

「不知道？」

「如果沒有女朋友，他怎麽會那樣神魂顚倒？」

「春夢無憑，那些話怎麽靠得住？」

「俗語說，日有所思，夜有所夢，而且他一連兩夜都叫莊靜，這決不是巧合，所以我纔問你。」

「這倒奇怪？」廖聲濤故作驚訝地說：「我怎麼沒有聽見？」

「小子，你別裝蒜！」劉漢民把臉一沉：「你們兩人焦不離孟，孟不離焦，他的事你會不知道？」

廖聲濤看看劉漢民的臉色不對，站起來想溜，劉漢民把他一按，威脅地說：

「小子，你老實對我講，不要裝蒜，否則小心挨揍！」

廖聲濤看看周圍沒有一個人，馬上愁眉苦臉起來，講嗎？又洩漏了黃翰文的祕密；不講嗎？又怕挨揍，劉漢民的拳頭又粗又重，他實在吃不消。因此他帶着幾分哀求的口吻對劉漢民說：

「我不知道的事你教我怎麼講？」

「你不會不知道，你不知道的事我決不問你。」

「你不能蠻不講理。」

「小子，你別再耍花槍，老實告訴我，莊靜到底是什麼人？」

「我說了你應該去問翰文。」

「翰文沒有你的臉皮厚，我怕他受窘。」

「你也不能拿我做替身？」

劉漢民繼續追問，廖聲濤覷着一個機會，就地一滾，爬起來就跑，但他還沒有開步，劉漢民就抓住他往地上一按，舉起拳頭對他說：

「你講不講？」

廖聲濤沒有辦法，只好講了出來，把他和許亞琳的事完全撇開，使得劉漢民只知其一，不知其二。劉漢民聽完了廖聲濤的敍述不禁搖搖頭：

「翰文怎麼這樣癡？」

「他們一見傾心。翰文是死心眼兒，莊靜又是李清照一類的人，他怎麼忘得了？」

「那莊靜在延安不一定合適？」

「翰文前些時也夢見莊靜，照夢裡的情形看她並不開心，翰文又不敢寫信去問！」

「莊靜有沒有信來？」

「我漢已經丟了，她知道翰文在什麼地方？既然翰文不敢寫信給她，她也未必敢寫信給翰文？」

「那他們豈不是兩地相思？」

「水中撈月，夠他們受的！」

「你還是勸他死了這條心，免得以後麻煩。」

「翰文是老太婆買剪刀，認定王麻子的好。」

劉漢民站了起來。廖聲濤也跟着站起。

「你可不能告訴翰文，說我知道這件事？」在路上劉漢民這樣囑咐廖聲濤。

「你也不能告訴翰君，」廖聲濤也叮囑劉漢民：「他們雖然是親兄弟，這種事還是祕密一點好。」

劉漢民點點頭。

他們兩人回到萬壽宮，黃翰文正在牽繩子晒衣服，他一見廖聲濤就指着臉盆裡的衣服說：

「你看，你衣服上好多蝨子！我洗了半天也洗不掉，揑也揑不完。」

廖聲濤厚着臉皮佯裝沒有聽見，劉漢民跟着過去一看，發現廖聲濤的衣服腋下，以及衣縫裡藏了很多肥肥的蝨婆，劉漢民把廖聲濤拉過來指給他看，廖聲濤兩眼一閉，劉漢民在他肩上搥了一拳：

「小子，你今天要上街去好好洗個澡，把衣服放在開水裡面泡一泡！」

「我看我們統統去澡堂泡泡，不然都要生蝨蟲了。」黃翰文說。

下午兩點多鐘，他們一道去「揚州澡堂」。

大池子裡熱氣騰騰，他們七八個人都泡在水裡，不僅人泡在水裡，連衣服也泡在水裡。

他們頭上冒着汗珠，嘴裡呼出熱氣，池子週圍的牆壁上，頂上，水珠直往下滴。他們一面泡，一面用毛巾在身上擦，過了三四十分鐘，纔先後起來，每人的皮膚都泡得像一隻大紅蝦。別的客人躺在池子邊上讓人擦背，他們卻蹲在池子邊上搓洗衣服，洗完之後，纔披着一條大毛巾走到休息室休息。

澡堂的老闆夥計都是揚州人，很會做生意，做他們的生意雖然沒有多大的油水，招待並不怠慢，兩人一壺茶，兩個茶杯，修腳的也來兜生意，別人都不願意增加那筆開支，廖聲濤卻把腳向他一翹，修腳的隨手把小板櫈一放，打開一個小布包，拿出幾把修腳刀來工作。

劉漢民瞪了廖聲濤一眼，廖聲濤裝作沒有看見，因為他們都沒有錢，洗澡是謝志高請客。

修腳是一種享受，廖聲濤眼瞇嘴歪，還不時挑逗地向黃翰文和劉漢民他們擠擠眼睛，黃翰文看了好笑，劉漢民指着他說：

「你看你那副熊相！」

「人生有三寶：女人、修腳、洗澡。」廖聲濤笑着回答：「你是擀麵棍吹火，一竅不通。」

「你這小子就是好吃懶做，貪圖享受，別人出錢你享福。」劉漢民罵他又轉向謝志高說：「志高，他修腳的錢你不要付，讓他小子當衣服。」

「我還套兩尺半上面盡是蝨子，送給他們做抹布也未必要。」

「小子，你別丟人好不好？」

「是你要我丟人，我又何必打腫臉充胖子？」

劉漢民想揍廖聲濤，但他自己只蓋了一條大毛巾，沒有穿衣服，休息室的人雜，他怕當衆出醜，這纔忍了下來。

「我們走，讓他一個人躺在這裡享福。」劉漢民突然站起來，一面穿衣服一面對大家說。

大家也跟着穿衣，想把廖聲濤摔在澡堂裡。他滿不在乎，安穩的躺着，黃翰文碰碰他輕輕對他說：

「快點，以羣請我們上館子！」

廖聲濤聽說上館子，一個鯉魚翻身，連忙坐起來，不等修完腳就搶着穿衣，但他還是遲了一步，走出澡堂門口，劉漢民他們已經溜得不見人影。他正站在門口東張西望，恰好黃翰文回轉來在巷口向他招手，他才發現目標，跑了過去。

「那些傢伙眞壞！硬想把我摔掉。」他跑到黃翰文的身邊，喘着氣說。

「你也不知道你有多討厭？」黃翰文笑着罵他。

「漢民這傢伙纔討厭，今天早上還逼着我問莊靜的事？」

「他怎麽知道莊靜？」黃翰文奇怪地問廖聲濤。

廖聲濤看黃翰文的臉色不對，有點後悔自己說溜了嘴，又無法收回，等了一會他反問黃翰文：

「你這兩天是不是又夢見她？」

黃翰文點點頭。

「他是聽見你叫莊靜才問我的。」

「你告訴了他？」

「他把我按在地上，我有什麼辦法？」

「那你和許亞琳的事他也知道了？」

「我不會那麼傻，他不問，我怎麼會告訴他？」

「你沒有夢見許亞琳？」

「沒有。」

「奇怪？我和莊靜相處不過兩三個小時，她也只給過我一封信，為什麼我始終忘不了她？」

「還就叫做一見鍾情，我相信她也忘不了你。」廖聲濤笑着說：「我和許亞琳就不同了，見了面我很喜歡她，離開了她可也並不牽腸掛肚。」

廖聲濤一面和黃翰文談話，一面注意劉漢民他們的行踪，他們幾個人在人群中擠進擠出，走走停停。

街上熙熙攘攘，南腔北調，擺攤子的是清一色的外江人，店舖也有很多是外江人開的，這裡沒有經過大轟炸，警報也很少，呈現一片戰時新興氣象。

廖聲濤突然發現他們走進一家江蘇館子，連忙用手肘碰碰黃翰文：

「你看，他們進去了！」

黃翰文點點頭。

「我們先別進去，等飯菜上了桌再去，讓他們空歡喜一場。」

「道士做法場，你總有許多鬼！」

「不然你先進去，這樣他們會更開心。」

「飯吃完了我可不管你？」

「捉姦捉雙，捉賊捉贓，你們一端起飯碗我就趕到，豈不正好？」

黃翰文眞的一個人進去，他站在樓梯口回頭望了廖聲濤一眼，廖聲濤向他擠擠眼睛。

「翰文，你怎麼搞的？一個人掉了隊？」黃翰文一走上樓大家都問他。

「我綁腿散了。」

「來，來，快坐，快坐！」許揖清和謝志高拍拍他們中間的櫈子。

黃翰文在他們中間坐下，不久就上來一盤㮣菜韭黃炒肉絲，茶房端着一個大飯盆，忙着給大家添飯，劉漢民端起飯盌笑着對大家說：

「今天可整了廖聲濤這小子一下。」

「咳咳！」廖聲濤大咳兩聲，大搖大擺地走了進來：「山人自有妙算，可惜你翻不過如來佛的手掌心。」

大家睜着眼睛面面相覷。

「小子，你是不是有耳報神？」劉漢民問他。

「以後你們最好別動歪腦筋，晚上二至四的衛兵少關照我，吃喝玩樂留我一份。」廖聲濤在劉漢民對面坐下。

「你別弄錯了，我可沒有故意撇掉你。」胡以鞏說。

「誰想撇我誰爛心，我瞎子吃湯圓，心裡有數，不會錯怪人。」廖聲濤望望胡以鞏又望望劉漢民。

劉漢民挨了罵不能作聲，只好哈哈一笑。

胡以鞏因為經常作東請客，現在已經和他們處得很好，連區隊長、特務長、班長，他也處得很好，甚至洪通他也處得不壞。

第二十八章　山路崎嶇難跋涉
江湖玉女要雙刀

三天休息很快地過去了，他們離開了江西會館萬壽宮，離開了湘西重鎮常德。

他們不再坐船，開始行軍，當天就走到桃源。又住在江西會館萬壽宮裡。他們很奇怪，江西人在湖南的怎麼有這麼多？藥材舖、金子舖幾乎都是江西人開的，即使他們講的一口湖南話，還是沒有忘本，除了在本地建立輝煌的萬壽宮之外，三年五載還要回江西老家祭祖一次。

在桃源他們停止待命，第二天部隊就派人下鄉找房子，看樣子一時還走不了。

桃源是個古色古香的縣城，市面不大，街道不寬，却很整潔寧靜，沒有都市的喧囂。

由於「桃花江」歌曲的影響，他們以為桃花江就在桃源，對於桃源的女人特別注意。桃源女人的膚色的確不錯，無論少女少婦，皮膚多是白裡透紅，健康、樸素、大方，雖不能說個個國色天香，但很受看。

他們在桃源鄉下住了一個多禮拜，剛把操場弄平，又奉命開拔，因為長沙在一夜之間燒光了，上面命令他們離開桃源到更安全的地方。

開拔時別人心裡並不怎麼難過，戴區隊長却有點戀戀不捨，因為他對房東的大姑娘已經着迷房東的女兒是一個美人胎子，面孔漂亮，身段也很健美，初中畢業以後就休學在家，像一隻成熟的蘋果，正等人採擷。她家裡很有錢，房子很大，被特務長看上了，他們住進來以後，天天要和她碰面，一開始戴區隊長就有點神魂顛倒，本來廖聲濤對她也很有興趣，劉漢民和黃翰文發現戴區隊長的祕密以後，就一再警告他，他纔不敢打歪注意。

開拔的這天，正是戴區隊長接值星官，平時他很負責認真，這天却像失魂落魄的提不起一點勁，就擱了好半天纔整理隊伍，隊伍整理好本來只要一聲「向右轉」就可以走上大路，他却喊了一個「向左轉」，隊伍正好對着她的大門口，如果再喊齊步走，大家只要三步兩步就走進她的房屋了，他的第二個口令還沒有下達，大家就哄笑起來，本來她和家人站在門口默默相送，她看見大家哄笑連忙溜了進去，戴區隊長臉一紅，連忙喊聲：「向後轉！」排尾變成了排頭，大家又好笑，江中隊長直搖頭，戴區隊長更是滿臉通紅。

一直走到三叉路口，他纔將錯就錯地把隊形變換過來。

他們不是走的大馬路，而是沿着沅江邊上的山路走，上午還好走一點，下午盡是崎嶇不平的小路，走了大半天還沒有走到一半，黃翰文、廖聲濤的腳已經磨起了泡。

走着，走着，天色漸漸黑了下來，腳也更痛，大家高一腳低一腳地摸着走，有時碰到一塊大石頭，痛得叫起來，廖聲濤好幾次抱着腳坐在路邊哎喲哎喲地叫，劉漢民拖着他走，警告他：

「小子，湘西的土匪多，荒山小徑一個人掉隊可不是玩兒的。」

天黑時隊伍早就零零落落，誰也不管什麼隊形，什麼序列，能走的趕到前面，走不動的掉在後面，儘星官戴區隊長常常暴躁地向掉隊的人吆喝，可是沒有效果，走不動的還是慢慢拖。劉漢民他們幾個卻始終是走在一塊。

前面有人陸續掉下來，後面也偶爾有一兩個人鼓着餘勇趕上去，掉下來的人走一步嘆一聲，不然就是罵人，或者氣得把槍往地上擲，有的人本性把背包槍枝往地上一摔，躺在路邊睡起來，過了一會又自己爬起，拚命往前趕一段路。

「媽的！這一砲里走了三個鐘頭還沒有走到，湖南騾子是怎樣算法？」林遇春拄着槍站在路邊叫罵起來。

「你走在我們前頭，還算不壞。」劉漢民說。

「我實在走不動了，你們走吧！」林遇春嘆口氣。

「來，我們一道走！」劉漢民順手把林遇春一帶。

「我看湖南人一定沒有學過數學，根本不知道一里路有多遠？」林遇春又嘀咕起來。

「湖南騾子做什麼都是足尺加三，吃肉也是四兩重一塊，」謝志高接着說：「他們還怕跑斷了你的腿？」

天黑路險，肚子又餓，背包愈揹愈重，大家越走越洩氣，走上一個高坡時，他們都準備躺下來休息一會，忽然發現坡下燈火閃爍，仔細一看，怪石嶙峋的狹窄江邊，有幾戶人家，他們不禁歡呼了起來。

這時已經九點多鐘，廖聲濤一搖一晃地走到宿營地寬衣狀，把背包槍枝一摔，身體往稻草上一躺，不到兩分鐘就呼呼地睡着了。

晚上三點半鐘，號兵就「嗒嘀——嗒嘀——」地吹起床號，號音在冷空氣中微微顫抖，吹了一遍又一遍，所有的人都被他吵醒了。

劉漢民首先爬起來，點燃蠟燭，黃翰文、謝志高、許挹清也相繼起來，捆着打背包，廖聲濤躺在地舖上閉着眼睛咒罵：

「該死的號兵，怎麼不發瘟？」

罵過之後又翻身再睡。

「你再不起來就趕不上吃飯了，今天的山路更難走。」黃翰文提醒他。廖聲濤昨天晚上沒有吃飯，今天早上再不吃飯怎麼走路呢？

廖聲濤沒有理會黃翰文的話，反而打起鼾來。黃翰文看他綁腿未解，衣服未脫，也就不再叫他。劉漢民打好背包，走過來在廖聲濤屁股上踢了兩腳，廖聲濤翻身坐起，劉漢民却拿着毛巾牙刷攙到沅江邊上洗臉去了。

江面很窄，江水很淺，底下盡是大大小小的鵝卵石，還有幾塊怪石矗立在江中間。水聲潺潺，手伸到水裡有點刺骨，他們匆匆忙忙地洗完了臉又爬了上來，伙伕已經把飯菜擺在地上了。米是採買昨天晚上從兩里路以外的江那邊買來的，剛出礱的糙米，裡面有很多穀子，吃來刺喉嚨，又只有一洋鐵盆子的大鍋白菜，沒有一點油，煮得黃黃的，實在很難下嚥。

廖聲濤沒有洗臉就端起盌來吃飯，他雖然很餓，也只吃了一盌。

「這是什麽鬼飯？」他把洋鐵盌往地上一摔。「簡直是豬食！」

伙伕老李把洋鐵盌撿了起來，笑着對他說：

「再餓兩天，你就會把它當龍肉了。」

他望了老李一眼，沒有作聲，老李是一個五十多歲的老兵，過的橋比他走的路還多，在槍林彈雨中撿回一條命，和日本人也打了十幾仗，喝過馬尿，幾天不吃飯在他看來稀鬆平常。他把隊長區隊長都看成小老弟，把廖聲濤他們更看成不懂事的毛孩子，遇到他們在伙房裡搶鍋巴時他就敲着長鍋鏟說：

「孩子們，走開！」

但是他從不生氣，因此大家都敬他三分，連廖聲濤也不例外，當他看見廖聲濤摔跤，他就連忙撿起來。

「老李，有沒有鍋巴？」廖聲濤問。

老李回頭看了他一眼，輕輕說：

「隨我來。」

他和老李趕到燒飯的地方，已經有幾個人圍着行軍鍋在搶，洪通和另一個同學搶得幾乎打架，他走近一看，鍋底光光的，連鍋巴屑也沒有。老李等那些人走開，一彎腰，從鑑儲底下拿出一塊焦黃的鍋巴，遞給廖聲濤：

「這是我自己留在路上吃的，你拿去吧。」

廖聲濤接過鍋巴，高興得不得了，他留下一半放在帆布袋裡，邊走邊吃，鍋巴又脆又香，比飯好吃多了。

四點鐘，值星官吹哨子出發，因為地方太小，隊伍擺不開，沒有集合便開始行軍，天黑路窄，只好成一路縱隊各自上路。值星官在最後督隊，看看有沒有東西丟下？有沒有人掉隊？

廖聲濤最後動身，胡以羣揹着背包在外面等，值星官看見廖聲濤走路一晃一晃，警告他說：

「廖聲濤，今天不能掉隊，路更難走，路上又不太平。」

「値星官，日本人又不在我們屁股後面追，爲什麽這樣趕兎子下嶺？」廖聲濤哭喪着臉說。

「這就是訓練，還沒有開始强行軍呢！」

「値星官，再要强行軍，那眞要强掉人的命啦！」

「你眞沒有用！只會吹牛皮，說大話。」

「値星官，你不知道，我的脚起了好幾個血泡，自出娘胎以來，我也沒有走過這麽多路。」

廖聲濤脚一提，綁腿又散了開來。

「那有什麽稀奇？等到你的脚和莊稼漢一樣，起了一層厚繭，那就連草鞋都不用穿了。」

廖聲濤恨他說風涼話，忽然惡作劇地問他：

「値星官，你什麽時候請我們吃喜酒？」

値星官臉一紅，幸好他們兩人都看不見。過了一會他嚴肅地對廖聲濤說：

「別胡扯！快點趕路，不許掉隊！」

說完他就匆匆地趕到隊伍的前面去，廖聲濤哈哈地笑起來。

「你這個冒失鬼！」黃翰文罵廖聲濤。

「我要不掀他的底，他老是在我們身邊，那多討厭？」廖聲濤得意地回答。

他們不知不覺地又掉了隊，天黑，路窄，右邊是山，左邊是怪石嶙峋的河床，掉下去雖然淹不死，可也得摔掉半條命，祇好慢慢的走。

「眞他媽的，又不作賊，爲什麼要起得這樣早？」前面有人在罵。聽聲音離他們不過二、三十公尺。他們走近時才知道是林遇春。

江那邊的山腳下，突然有一隻雄雞喔喔地啼叫起來，沒有和聲，顯得格外單調孤寂。

不久，江那邊又傳來一聲鷄啼，喔喔喔的聲音悠長而清亮，天也漸漸破曉。江面和山谷間又飄起濛濛的霧，使視線更加模糊，潮濕的水份迎面撲來，他們的衣服潮了，槍筒上有細如粟米的水珠。

他們在晨霧中行走了一會，忽然發現前面的人都坐在路上休息，他們也坐下休息，把軍帽脫下來，頭上冒着一股熱氣，和霧混合在一起。黃翰文用帽子搧風，廖聲濤用袖子擦擦額上的汗珠，林遇春把帽子掛在槍筒上，往後面一躺，傾斜的山坡剛好作了他的靠背。

他們坐了不到兩分鐘，前面的人又一個個站起來默默地行走，廖聲濤和林遇春像兩隻懶貓賴着不動，黃翰文催促他們：

「走吧！不然又要掉隊了！」

「掉隊就掉隊，怕鬼？」廖聲濤說。

林遇春也附和廖聲濤的話，使黃翰文不好意思走，劉漢民走回來，用力把廖聲濤一提，提了起來，把廖聲濤和林遇春的槍接過去往自己肩上一揹，又把他們兩人一推：

「走！」

他們兩人也就不好意思再賴下去。

走着，走着，霧漸漸地散了，眼前明亮起來，空氣也格外清新，山色如洗，江水潺潺，青黑色的大尖石，星羅棋布地矗立在江中，水清見底，却無游魚。

太陽漸漸越過山頭，照進山谷，樹葉上的水珠在陽光中閃閃發亮，廖聲濤一連打了幾個呵欠，再休息時他就躺在地上不肯走了。

中午在大宴溪吃飯，飯後伙伕老李挑着行軍鍋先走，雖然是五十多歲的人了，他的身體還很健康，挑着行軍鍋走起路來兩腿很有彈性，劉漢民看看老李又回過頭來對廖聲濤說：

「小子，你看看人家老李，五十多歲的人了，還是一條英雄好漢，你小子年紀輕輕的，老是掉隊，害不害臊？」

「老李是扛機關槍大砲的傢子，我們怎比得上他？」廖聲濤振振有詞。

「小子，你總有理！」

「本來嘛！他十五歲就當砲兵，吃糧吃了幾十年，我們半路出家，纔吃幾天糧？」

飯後，值星官在前面把哨子一吹，說聲「走」。大家就跟着他前進。

他們水壺裡都灌了水，又增加了一點重量，走起路來水在水壺裡叮叮噹噹。

劉漢民把兩枝槍扛在肩上，他的背包增大，走路還很輕鬆。

黃翰文把槍斜掛在背後，廖聲濤沒有揹槍，却找了一根竹棍拄手，不時左右揮舞，呼呼有聲。吃過午飯，他的精神好多了。

他們邊走邊談，反而不覺得背包的沉重。翻過一座山進入一個狹谷時，黃翰文發現一頭獐在谷底吃草，他取下槍來想打，廖聲濤把他的槍搶過去：

「讓我來！讓我來！」

廖聲濤正在上子彈，劉漢民從他手中把槍奪下來交給黃翰文，隨即把廖聲濤的槍交還廖聲濤：

「你的精神很好，用不着我揹了。」

廖聲濤不肯接，劉漢民往他手上一塞：

「小子，你還想偷懶？」

廖聲濤兩眉一皺，只好接下，他再想打獐時獐却一溜煙地跑了，他望着谷底唉聲嘆氣，把槍往地上重重地一擣。

劉漢民拉着黃翰君先走，廖聲濤却拉住黃翰文陪他，林遇春是不用拉就掉下來了。

「翰文，你監視他，他要是開小差你就槍斃他！」劉漢民走了幾步，突然回過頭來對黃翰文說。

「我的槍法不準，」黃翰文笑着回答。「中把不中環。」

「打斷他一條狗腿也好。」

「大飯桶，你放心，開小差我們也是一道。」廖聲濤哈哈大笑。

劉漢民跑回來，揪着廖聲濤的耳朵向前拖：

「小子，我看你往那裡開？」

廖聲濤雙手護着耳朵像隻被宰的豬般尖叫。

他們一路拖拖扯扯到沅陵時又是晚上八、九點鐘了。

沅陵是個依山傍水的小城，一條直街沿着沅江發展，街道狹窄，市面却很熱鬧，難民來了不少，多半在這裡安頓下來。

江水很淺，很清，大鵝卵石的河床，有一大半露在外面。一大清早，男人就捲着褲腳走到江中間去挑水，女人們跪在大鵝卵石上洗衣、洗菜，一群白鵝在清澈的水面悠游，幾隻灰背脊的鵝在女人面前爭食拋棄的黃菜葉。

黃翰文他們蹲在大鵝卵石上洗臉，毛巾已經破爛不堪，沒有錢買，黃翰文扯下一截舊襯衣當毛巾用，府綢襯衣很薄很滑，洗臉並不合適，他也只好將就過去。

只有胡以羣的毛巾是新的，他在離開武漢時買了一打，他預料愈到內地日用品愈貴。廖聲濤看見胡以羣的新毛巾，就要他送，胡以羣只好答應。廖聲濤得寸進尺，又要他請上館子。胡以羣本來不願意，一想起錢是怎麼來的，也只好答應了。

洗完臉，黃翰文隨手拾起一塊石片，向江中一擲，石片在水面連續跳動，急駛而去。廖聲濤也拾起一塊石片向江中一擲，沒有跳到兩下就沉下去了。別人看見他們兩人擲，也拾起石片投擲。劉漢民和黃翰文兩人擲得最好，擲得遠，跳得多，廖聲濤擲得最差，最多在水面上跳三五下就沉下去了。

隨後有人用石子投射江中的白鵝，大家又跟着投射，以那隻領頭的大公鵝作靶子，有人投中了一下，有的投中了兩下，廖聲濤又一下都沒有投中，他氣得拾起一個大鵝卵石向那隻白鵝投去，石頭在牠身後激起一團水花，牠兩翅一張，頸子一伸，「咯——咯——」地騰身踏水而去，別的鵝也跟牠騰身飛走。

「小子，幸好你狗屎，要是真的被你打中了，看你怎樣賠人家的鵝？」劉漢民說。

「正好撿回去紅燒。」廖聲濤輕鬆地回答。

「小子，你小心老百姓的梭鏢！」

湘西是土匪窩，老百姓也很野，他們一再被告誡不要惹麻煩，廖聲濤還是我行我素，所以劉漢民警告他。

他們住在沿江的店舖裡，晚上把背包打開，清早把背包捲好，白天不能都擠在店舖裡，妨礙店舖作生意，只好出去逛街，看看壁報或是其他什麽玩藝。

胡以鞏從背包裡拿出幾條毛巾，悄悄地分送黃翰文他們，他們往乾糧袋裡一塞，又結伴出去。

他們在街上信步而行，快走到盡頭時忽然發現一個空場上圍了許多人，站成一個大圓圈，他們擠進去一看，原來是江湖賣藝人在耍關刀。場子裡一共有三個人，耍關刀的漢子大約四十出頭，另外有一位十七、八歲拖着一條大辮子的大姑娘和一位剃光頭的七、八歲的男孩，一隻猴子和一條狗。那中年漢子耍完了關刀，就由那個大姑娘耍雙刀，她身手矯捷，宛若游龍，兩張刀呼呼生風，把全身罩在一片雪亮的刀光之中。人又生得俏，周圍的人頻頻鼓掌，怪聲叫好，張班長和洪通也拚命鼓掌叫好。她耍完雙刀那個男孩接着玩倒豎蜻蜓，翻跟斗，打旋子，表演軟功。以後由那中年漢子指揮猴子和狗表演跑馬，猴子在主人的命令之下，躍上狗背，狗繞着圈子跑了幾圈。那中年漢子突然從頭上摘下破毡帽，繞着圈子向觀衆討錢，給錢的人並不踴躍，於是他把毡帽往那大姑娘的手上一拋：

「大妞，妳請大爺先生們賞個臉。」

那大姑娘接過帽子雙手捧着，笑着向觀衆說：

「請爺們賞個臉。」

說也奇怪，大銅板和毛票，彷彿長了翅膀似的向她帽子裡飛，一會兒就盛滿了銅板和毛票，她把帽子交給那中年漢子，中年漢子又對她說：

「大妞，妳再唱個罵毛延壽，謝謝爺們。」

她走到場子中間，向大家行了一個禮，笑着說：

「諸位爺們，我獻醜了，請多多包涵。」

她穿着紅襖黑褲，背後拖着一條烏溜溜的大辮子，臉孔紅潤，身段窈窕，站立在場子中間有如玉樹臨風，還沒有開口，大家就先叫好，廖聲濤也大聲鬼叫。

她先把毛延壽改成汪精衞，嗓子又衝，一唱開來就掌聲如雷，叫好不絕，那中年漢子也眉開眼笑。

她一唱完，錢又從四面八方向她扔去，一個個四川大銅板，打在她的頭上、肩上，她都含笑忍受，有些輕薄子弟故意將銅板對她胸前扔，她兩手揮動，銅板紛紛落地，然後向那些輕薄子弟柳眉一豎，他們都畏怯地連忙停手。

散場後，觀衆還戀戀不捨，那些輕薄子弟更遲遲不肯離去，廖聲濤被黃翰文拖了一下才走。

「這大姑娘眞不賴。」劉漢民說。

「江湖上藏龍臥虎，看樣子她賣嘴不賣身，賣藝不賣人。」黃翰文說。

第二十九章　午夜衛兵逢土匪
山頭崗哨首開槍

他們離開沅陵，又開到瀘溪，在瀘溪鄉間駐紮下來。到達的那天，老百姓不准他們住進去，拿着梭鏢把守大門口僵持了很久，說了很多好話，纔住進去，原先號房子的特務長還挨了他們的揍，幸好特務長沒有帶手槍，不然眞會鬧出人命。

房東有個十六、七歲的女孩子，沒有受過教育，人也長得很土，自從他們住進這房子以後，就躲在閨房裡不敢出來。

一天廖聲濤到廚房裡去取水，在她房門口好奇地望了一眼，被她哥哥碰見了，衝到廖聲濤面前大聲吼叫，廖聲濤連忙退到堂屋裡來，她哥哥還趕到廚房門口罵了一陣。黃翰文問廖聲濤什麼事？廖聲濤把經過情形告訴他。

「這釘子可碰得不輕。」黃翰文說。

「湘西人眞野蠻，瞄一眼有什麽關係？我又沒有走進房去。」

「你要是走進房去，她哥哥不賞你一梭鏢才怪！」

「湘西人眞惹不得，」廖聲濤捂着嘴巴輕輕地說：「老百姓活像土匪。」

「以後你要特別小心，不要冤枉送掉一條命。」

「眞是活見鬼！豆腐當肉賣。這種土貨誰還看得上眼？」

「河裡無魚蝦也貴，你別小看她。」黃翰文從乾糧袋裡摸出盌筷，準備吃晚飯。

廖聲濤看他摸盌筷，也伸手從乾糧袋裡摸出盌筷來。

他們兩人走進稻場時，値星官正在那裡向大家宣佈：

「大家注意：龍鼻嘴發現了一股土匪，可能向我們這邊偷襲，今天晚上的衞兵要特別提高警覺。如果發現形跡可疑的人，可以開槍射擊。後面山頭上的衞兵，尤其重要；假如有人打瞌睡，出了毛病要受軍法處治。」

値星官報告完畢，回到隊部吃飯去了。稻場上的人却議論紛紛，尤其是夜晚輪到衞兵的人，更加躭心，生怕自己出紕漏。廖聲濤却談笑自若，有點幸災樂禍，他估計自己要到明天上午十點以後纔輪到衞兵。

晚飯後，有的人在山頭上練習口令、唱歌，有的人在新平的操場上賽跑、跳木馬、玩單槓、黃翰文他們在村子附近散步。

這一帶都是崇山峻嶺，這是一個比較大的村落，有十幾戶人家，他們這一中隊就駐在這裡，其他各隊分駐在幾里路以外的村莊。這裡看不到敵人的飛機，也看不到報紙。全村只抽走一個壯丁，算是戰爭的唯一標誌；而戰爭究竟是怎麼一回事？日本人究竟是什麼樣子？村民懵然無知，也並不關心這件事。黃翰文這批人住進村子裡來，纔影響了他們閉關自守的生活。土匪是他們唯一的威脅，他們有梭鏢，隨時準備拚命自衛。

在村子東邊的小路上，廖聲濤碰見了房東的兒子，他打着赤腳，肩着鋤頭，向廖聲濤怒目而視。劉漢民看見這情形，有點奇怪，因此問廖聲濤：

「小子，你怎麼得罪了他？」

「我沒有得罪他。」廖聲濤裝作非常坦然地說。

「你沒有得罪他？他怎麼向你吹鬍子瞪眼睛？」

「說不定他有神經病？」

「小子，你別胡扯，他好好的怎麼會有神經病？他怎麼不瞪我們？」

廖聲濤不敢再胡扯下去，劉漢民轉問黃翰文，黃翰文起先不肯講，經劉漢民再三追問，纔婉轉地說出經過情形。

「小子，湘西人和長沙岳陽人不同，你要特別當心！你要是再惹他的妹妹，他真會宰了你！」

「我並沒有惹她，我不過是隨便望了一眼。」廖聲濤申辯。

「你爲什麼要望她？」

「她又不是金枝玉葉，望也望不得？」

「不管是不是金枝玉葉，人家總是個大閨女，她家裡既然把她藏在閨房裡，你就不應該犯忌。」

遠處山窪裡，升起一縷炊煙，一群烏鴉，在路邊一棵光禿禿的大樹上聒噪，廖聲濤拾起一塊泥土，向樹上的烏鴉一扔：

「討厭的東西，觸我的霉頭！」

像打翻的蜂窩，烏鴉滿天飛，以破鑼般的大嗓子，大聲聒叫，飛了不遠，又飛回來，在樹頂上盤旋。

暮色蒼茫，北風正緊，風透過厚薄不勻的灰棉軍服，寒氣襲人。雖是嚴冬天氣，他們還沒有領到棉大衣。

他們在寒風中走了一會，黃翰文說了一聲「向後轉」，大家自然回頭。再經過那棵大樹時，烏鴉已經落好，光禿的枝椏上，彷彿掌着一個個黑色的大音符。

各人回到各人的寢室，有的躺在舖上天南地北地胡聊，有的唱歌。黃翰文躺在暗淡的桐油燈下看普希金的「上尉的女兒」的最後幾章，他歡喜普希金的詩，也愛這本小說。

晚點時值星官又一再提醒大家要特別當心，他說那股土匪有五六十個人，已經離開龍鼻嘴，正向這方面移動。

睡覺時大家又議論紛紛，廖聲濤可不管什麼土匪不土匪，他一躺上地舖就呼呼地睡着了，他以爲晚上絕對輪不到他的衞兵。

當他睡得正甜時，洪通把他和黃翰文搖醒，黃翰文沒有說什麼，廖聲濤却和洪通吵了起來。

「我前面有十幾班衞兵，明天纔輪得到我，你爲什麼半夜三更把我叫醒？」

「我也是天亮以後纔站衞兵，第三班的人把我叫起來了，現在一根香已經站完，我當然要叫你。」洪通說。

「一根香要站個把鐘頭，你站了多久？」廖聲濤問。

「我站完了一根香就是，你管我站多久？」

別人都被他們吵醒了，很不耐煩地對他們說：

「你們講點公德好不好？不要妨害別人睡覺！」

「不要吵，我要睡覺！」廖聲濤也不耐煩地對洪通說，隨即躺了下來。

洪通看他躺下去，又把他拉起來，廖聲濤把手一甩，洪通給了他一槍托，於是兩人打了起來，黃翰文已經穿好衣服，連忙趕過去拉架，其他的人被他們兩人吵醒了瞌睡，很不開心，大家吼叫起來：

「你們要打滾出去打，不要妨害大家！」

「我們先去接衞兵，一切問題明天解決，」黃翰文對廖聲濤說：「不要妨害別人。」

廖聲濤這纔穿衣，拿着槍和黃翰文一道出去。

「子彈帶繫好沒有？」黃翰文輕輕地問廖聲濤。

廖聲濤摸摸腰上，發覺忘記繫子彈帶，又回去把子彈帶拿來繫好。

他們兩人摸到後面的山頭時，林遇春已經等得不耐煩，一見了他們就問：

「你們怎麼現在纔來？」

「眞奇怪，怎麼現在就輪到了我們？」黃翰文說。

「可不是？我已經站了一班衞兵，」林遇春一面說，一面交給黃翰文一包洋火，一束香，又告訴他普通口令和特別口令，隨即匆匆忙忙地回去睡覺。

山頭上的風更大，很冷，小小的茅草崗亭，擋不住強勁的北風，黃翰文擦了兩根火柴點香都被風吹熄，於是他們兩人蹲在地上，用背擋住風，纔把香點燃。自從鬧鐘損壞以後，便用香計時，一根香一班衛兵，比鬧鐘更沒有譜兒。用鬧鐘計時就發生過十點鐘還沒有天亮的笑話，用香以後，一夜常常站十幾班衛兵，今天的情形更怪，恐怕不到天亮全隊的人都要輪到了。

「[redacted]，眞有鬼，他們怎麼站得這樣快？」廖聲濤悻悻地說。

一陣風吹來，插在地上的香火突然一亮，照見地上十幾根點完了的香棍，風一吹，香更亮，燒得更快，廖聲濤靈機一動，把插在地上的香扯起來，放近嘴邊吹，吹的力量愈大，香燒得更快，他高興得跳了起來：

「[redacted]，忘八蛋！我發現了他們的祕密！怪不得站得這麼快？」

說完他又繼續吹，很快就吹掉了一寸多，他吹累了又交給黃翰文：

「翰文，你來吹。」

「你這樣吹只要十幾分鐘就可以吹完一根香，太快了也不像話。」黃翰文說。

「管它的？早點吹完早點交班，別人這樣做我們爲什麼不這樣做？萬一土匪來了，我們兩人拼命不成？」

「不管土匪來不來？我們不應該這樣取巧。」

「翰文，你眞是個書呆子，別人都取巧，我們爲什麽不取巧？不取巧就要上當，我可不上他們的當！」

他又從黃翰文手裡接過香放在嘴邊吹。

「我不相信漢民也會這樣做。」黃翰文說。

「要是別人都像他那個大飯桶，今天晚上也不會輪到我們的衛兵。」

「不知道那一個傢伙始作俑，眞該打屁股！」

「打誰的屁股，撥鬧鐘的事都查不出來，何況是點香？」

廖聲濤繼續吹香，黃翰文說：

「你不要老是吹香，我們也應該注意警戒，誤了事兒可要腦袋。」

「我吹，你注意瞭望好了。」廖聲濤邊說邊吹。

這座山頭，在白天可以監視好幾里路，山腳下的那條路，更在步槍的有效射程之內，可是今天晚上無月無星，連山腳那條路也看不淸楚，因此黃翰文說：

「我一個人的眼力不够，你最好別再吹香，我們兩人同時注意。」

「翰文，你老王賣豆腐，板板六十四，一點不肯變通，將來一定賠老本。」廖聲濤把香插在風頭上，站起來對黃翰文說。

「這不是變通的問題，作生意也不能大斗進，小斗出。」

廖聲濤沒有爭辯，他望望插在風頭上的香，已經燒掉一半，心裡輕鬆許多，便和黃翰文談起女人來。由房東的閨女談到賣藝的女郎，談到莊靜和許亞琳。談別的女人黃翰文也有說有笑，談到莊靜黃翰文便沉默起來。廖聲濤不好再談下去。隨手從地上扯起那根香，放在嘴邊用力吹，吹到只有兩寸長時遞給黃翰文：

「你繼續吹，我去叫人來接衛兵。」

廖聲濤走出小茅亭沒有多遠，黃翰文突然發現山下的小路上有手電一閃，他輕輕地叫住廖聲濤。

「什麼事？」廖聲濤停住，輕輕地問。

黃翰文告訴他，同時要他注意山下。

天太黑，什麼也看不見，他們沒有手電，不能向山下照射。貿然開槍，又怕驚動大家；不開槍，又怕土匪竄進村子。

「你是不是眼睛發花？」廖聲濤輕輕地問。「不要開笑話。」

「不，我確實看見手電一閃。」黃翰文說。

「該不是鬼火吧？」

「不，是手電。」

「那我們開槍！」

兩人同時爬進散兵坑，拉開槍栓，推進一夾子彈。

「口令——」黃翰文把槍口對着山下的小路，大聲喝問。

山下沒有反應，也沒有任何聲音，廖聲濤開玩笑地說：

「你是不是想莊靜想得眼睛發花？」

黃翰文沒有理他，食指扣動板機，槍口紅光一閃，啪的一聲，一顆子彈帶着噓噓的聲音飛下去。廖聲濤也跟着打了一槍。

山下馬上還擊，子彈噓噓地飛上山頭，同時聽見雜遝的腳步聲向村子裡奔跑。

他們兩人的心情立刻緊張起來，不知道對方有多少人？同學們都在夢中，要是措手不及，那就慘了。

他們又向山下連放幾槍，一方面示威，一方面示警。

村子裡已經有了動靜，房子裡的人在向外奔逃，樓上的窗口有手電射出，接着響起啪啪的槍聲。

土匪是否衝進了村子？同學們是否佔好了位置？封鎖了路口？他們很難確定。

他們駐進這個村子時，同時作了兩件工作，一是把門口的一大塊稻田平爲操場，一是在村子東面入口的地方作了兩個防禦工事，另外在山頭上挖了幾個散兵坑。如果衛兵能守住那個工事，土匪就不容易衝進村子。剛纔啪啪的槍聲，彷彿是從工事裡邊發出的。

山下響了幾槍之後，沒有再向山上射擊，他們兩人也不再開槍，只是屏聲靜氣地注意山下的動靜。

小路上好像沒有土匪的後續部隊，也沒有聽見其他的聲音，倒是村子東面熱鬧起來，槍聲啪啪，子彈噓噓，深夜聽來子彈劃破空氣的聲音特別尖銳刺耳。

劉漢民奉命帶着一班人爬上山來，支援黃翰文和廖聲濤，他們爬上來時曾引起黃翰文和廖聲濤一陣虛驚，連忙喝問口令，劉漢民馬上回答：

「抗戰！」

隨後又補充一句：

「不要慌，是我。」

他們聽出是劉漢民的聲音，立刻膽壯起來，勇氣百倍。劉漢民吩咐其他的人各就各位，摸到黃翰文旁邊的一個散兵坑來。他的個子太大，散兵坑太小，又不够深，他埋怨說：

「這是那個小子挖的？偷工減料，該揍！」

「我們換一個好不好？我的大些。」黃翰文說。

「不必。」

「土匪衝進村子沒有？」

「沒有，幸好你們發現得早，要是再遲一步，就很難堵住。」

他們談話的聲音很輕，啪啪的槍聲和呼呼的風聲又把他們的聲音掩蓋了。劉漢民怕土匪奪這塊高地，撿亮手電向山下掃射了一下，十幾個土匪正匍匐地爬上山來，距離他們只有二十幾公尺，黃翰文和廖聲濤大吃一驚，連忙開槍，廖聲濤的子彈被彈夾卡住了，不響，他心裡又急又慌，土匪卻在黑暗中扔上來一顆手榴彈，他們既沒有看見，又沒有料到土匪會有手榴彈，等到轟然一聲，大家這纔本能地把頸子一縮，伏在地上。幸好土匪用力過度，手榴彈落在他們後方幾公尺遠的地方，沒有傷人。

他們沒有手榴彈，不然踞高臨下，正好用手榴彈消滅敵人，因此，只好用槍射擊。劉漢民再撿亮手電一照，土匪正紛紛退去，他們的槍又不大管用，來福線多半磨平了，廖聲濤的子彈卡住了還沒有弄好，黃翰文打了兩槍撞針又出了毛病，只有劉漢民他們幾桿槍在零零落落射擊，劉漢民開槍就不能打手電，他把手電遞給黃翰文，黃翰文照着讓他們射擊，土匪已經快滾下山了，距離一遠，槍的偏差更大，劉漢民心裡又氣又惱，他朝着人堆打了一槍，終於聽到一聲尖叫。廖聲濤率性放下槍，搬起一塊大鵝卵石，朝着土匪拋去，石頭像滾鼓一樣，一直向土匪滾去，終於把一個土匪撞倒，他哈哈大笑，劉漢民也笑着說：

「小子，你這辦法倒不錯！」

他再想找石頭時，却找不到一個合適的，而土匪已經退到路上去了。

他們的武器不行，又不知道敵人的虛實，不敢追擊，眼看着土匪把那個受傷的人揹走，只好放放冷槍，壯壯聲勢。

村子東面的槍聲本來最密，雙方的主力都在那邊，突然一顆子彈射向天空，閃出一團綠光，槍聲漸漸稀疏，終於靜止。

「這可能是土匪撤退的信號？」劉漢民說。

黃翰文又把手電向山下小路一照，土匪正循着原路向山那邊匆匆撤退，劉漢民向他們打了一槍，他們也向山上回了兩槍，無心戀戰，便匆匆逃走。

「如果我們有一挺馬克沁重機槍，這些土匪就要遭殃了。」劉漢民說。

「前方部隊都缺少這種武器，還能發給我們？」黃翰文說。

他們眼看着土匪退走。

劉漢民沒有奉命撤回，仍然留在山頭。

廖聲濤走到草棚一看，香早熄了。他不聲不響躲在裡面睡覺。

直到天色微明，劉漢民他們纔奉命撤回去。黃翰文也一同交了衛兵。劉漢民不見廖聲濤，走進草棚來找，聲廖濤像一隻狗一樣蜷在地上呼呼大睡，步槍摔在一邊。

第三十章　山高路遠背包重　討好賣乖心眼多

春暖花開時，他們忽然奉命離開瀘溪，向四川開拔。

整個冬天沒有發棉大衣，天氣漸漸暖了，開拔時却將棉大衣發了下來，這使得大家非常懊惱，因爲不好打背包，打起來又大又重。

廖聲濤的背包打不好，他索性把大衣的棉花拉出來丟掉，只留一個空殼。

黃翰文的背包打了半天，還是捆不好。棉大衣已經夠大，他還塞進十幾本厚書，洪通看他很費力，連忙跑過來幫忙。

自從劉漢民接替張班長之後，洪通對黃翰文便百般巴結，對廖聲濤也討好賣乖。

劉漢民吩咐廖聲濤把寢室打掃乾淨，便去隊部聽候值星官指示。廖聲濤懶洋洋地拿起掃帚嘀咕，垃圾草屑他倒了兩次就不願再倒，統統掃到一個角落裡堆起來，用一塊大木板遮着，表面上看起來打掃得倒很乾淨。

劉漢民回來檢查了一遍，當他把那塊木板拿開，發現了那堆垃圾，他無名火起，廖聲濤看看情形不對，想跑沒有跑掉，劉漢民抓住廖聲濤就是一拳：

「小子，你是這樣做事？你敗壞大家的名譽，趕快給我倒掉！」

廖聲濤怕再挨打，連忙拿起掃帚畚箕，洪通討好地趕過去幫忙，劉漢民阻止他：

「讓他自己倒！」

廖聲濤來往倒了五六次，纔把垃圾倒乾淨，然後跟着劉漢民集合出發。

房東家足不出房的閨女，看見廖聲濤他們走了，也站在大門背後伸出頭來望了幾眼。她沒有生病，可是頭上總纏着一大塊藍大布。廖聲濤偶一回頭，看見她那張羞怯的臉，故意向她做個鬼臉，她臉一紅，馬上縮了進去，廖聲濤哈哈地笑了起來。

「你的臉皮眞厚，居然笑得起來？」黃翰文譏諷他說。

「我總算看見了那個土包子。」廖聲濤輕輕地說。

他們很快地集合上路，走了二十幾里小路，就路上川湘公路了。

上了公路，他們便分成兩路縱隊，沿着公路兩側行進，廖聲濤和黃翰文走在一道，洪通和劉漢民在一道。廖聲濤的槍和子彈都交給洪通揹，輕鬆了許多，公路又平坦好走，他高興地對黃翰文說：

「這次我不會掉隊了。」

「你爲什麼要貪這種小便宜？」黃翰文望了他一眼。

「小便宜？」廖聲濤向黃翰文發笑：「俗話說，遠路無輕擔，一千多里路，你把它看成小便宜？」

「再大的便宜你也不應該貪。」

「翰文，不能錯過了機會，如果大飯桶不當班長，我們還想佔洪通的便宜？在岳陽上船時他一座位都不讓給我嘛！」

黃翰文不以爲然，廖聲濤又說：

「如果他得勢的時候，他會把你當孫子，我們得勢的時候，爲什麼不把他當孫子？」

「我們不應該像他那樣勢利。」

「不像他那樣勢利，就要吃他的虧，我還想連背包都交給他哩！」

「那太不公平。」

「公平？和他講什麼公平？吃得住他你就吃住他，一點也不要客氣。」

「他替你揹東西你一點也不感激？」

「感激個屁？周瑜打黃蓋，一個願打，一個願捱，活該！」

黃翰文沒有作聲，他遙見洪通正在和劉漢民談話，因爲距離遠，聽不淸他們談些什麽？只望見他對劉漢民那付巴結樣子。本來洪通也有選作班長的希望，他在易區隊長那裡活動得很兇，易區隊長也很支持他，可是江隊長說他的學科太差，只能帶大兵，不够格帶學生，所以他落選了。當時黃翰文和廖聲濤都很躭心，生怕他當選班長，幸好沒有選上，不然他們兩人就很尷尬。洪通沒有當上班長心裡自然很不高興，表面上却看不出來，他還是規規矩矩，一點不吊兒郎當。

「班長，」洪通邊走邊對劉漢民說：「你覺得張班長怎樣？」

「人倒是一個好人，就是頭腦簡單。」劉漢民說。

「班長，你看走了眼。」洪通向劉漢民諂媚地一笑

「怎麽看走了眼。」劉漢民回過頭來問他。

「其實他的心眼倒彎多，以前我和廖聲濤黃翰文的誤會，都是他挑起來的。」

「怎麽是他挑起來的？」

「班長，你家聽我說——」

劉漢民一直往前走，沒有作聲，他趕上一步：

「他說黃翰文學生氣太重，廖聲濤吊兒郎當，他們兩人瞧不起我，總是在張班長面前講我的

壞話，我是一根腸子通到底的人，沒有考慮眞假…………」

「那次隊長把他們兩人關起來，也是張班長搗的鬼嗎？」

「那是張班長故意整他們的。」

「你沒有參加？」

「我一點都不知道。」

「怎麽張班長說是你搗的鬼？」劉漢民望着洪通的臉上說。

「張班長胡說！不憑良心。他做的事怎麽往別人頭上栽？」洪通鐵青着臉說。

「現在事情已經過去了，不必緊張，沒有人和你算舊帳。」劉漢民笑着安慰他。

「班長，這件事情我一定要找張班長弄個淸楚明白，他怎麽可以寃枉別人？其實我和廖聲濤黃翰文根本沒有成見，如果有一點成見，我也不會替廖聲濤揹槍……」洪通在劉漢民背後囉囉嗦嗦說了一大堆話，劉漢民一直沒有接腔。

黃翰文的背包太重，緊出了一身大汗，上一個S形的斜坡時，他漸漸掉了下來，黃翰君從後面趕上他，把他的槍接了過去，同時對他說：

「你的背包太大，應該打緊一點。」

廖聲濤接着說：

「他背包裡面有十幾本厚書，捨不得丟，大衣的棉絮也不扯下來，怎麼揹得動？你看我的背包多輕？」

黃翰君看了廖聲濤的背包一眼，問他：

「你的槍呢？」

廖聲濤把嘴向洪遹一呶，黃翰君奇怪地問：

「你和洪遹好了？」

「什麼好不好？還不是叨你們的光？」廖聲濤擠擠眼睛輕鬆地說：「大飯桶當了班長，他自然要拍我的馬屁，我也樂得經鬆，就是這麼回事。」

謝志高、許挹清、胡以韋、林遇春他們都趕了上來。大家一路說說笑笑，忘記了背包的重量，居然沒有一個人掉隊了。

到所里時天色還早，正好逢上一三五「趕場」，他們把槍枝背包放下，就跑到小街上來買東西吃，剛發伙食尾子，每人身上都有一點四川大銅版，所以嘴格外饞。

洪遹過去一向不和他們一道，老是跟在張班長的屁股後面，現在張班長調走了，他也跟黃翰文他們一道出來。過去他非常節省，從來不上館子，張班長也和他一樣，他們兩人出來頂多買點日用品或是洋地瓜之類的東西帶回去吃，很少化大錢，別人的錢不夠化，張班長却有積餘，洪遹也留了不少大銅版，小心地裹在板帶裡，這樣便不會叮噹響，也不會丟掉。

「洪通，我從來沒有看見你上館子，今天請我們吃一頓怎樣？」廖聲濤敲竹槓。

「馬上要吃飯了，何必化這個冤枉錢？」洪通笑着回答：「等會我請你們吃洋地瓜好了，這裡的洋地瓜又大又甜。」

大家笑了起來，廖聲濤接着說：

「誰稀罕洋地瓜？你捨不得請我們，我們請你好了！」

廖聲濤嘴裡說着，兩脚同時跨進了「江蘇小吃館」；洪通怔了一下，又望望大家，別人都一個個走了進去，他也只好把瘦長的頸子伸直，硬着頭皮，跟了進去。

廖聲濤望着牆上紅紙書寫的菜單點菜，點了七八樣，洪通看看不對，馬上對廖聲濤說：

「我把這個月的伙食尾子都交給你好了，你代我會帳吧！」

「你一個月的伙食尾子够吃幾碗大滷麵？」廖聲濤揶揄地說：「你捨不得請客就算了，我們羅漢請觀音，還湊得起這個份子。」

洪通被他說得臉一紅，硬把胸脯一挺，右手在腰上一拍：

「好，都算我的！」

黃翰文和謝志高看是洪通請客，便借故離開，他們在另外一家本地館子吃了一頓。

在這家館子裡同時還有幾個國立中學的學生在吃飯，他們都是淪陷區的流亡學生，生活雖然很苦，卻可以安靜讀書，這裡從來沒有放過警報。黃翰文謝志高兩人和他們談得很愉快，吃完飯又一道回去，因爲黃翰文謝志高就住在學校的教室裡。

睡覺時廖聲濤纔回來，他問黃翰文在什麼地方吃飯，黃翰文告訴他，廖聲濤輕輕地說：「今天好不容易抓到一條黃魚，你又不吃，眞可惜！」

第三十一章　遍山桐花迎遠客
苗人少女愛鹽巴

一路細雨霏霏，不時出點花花太陽，樹葉發綠，桐花盛開，淡紅色的花瓣非常好看。這些桐樹都是沿公路旁邊的山丘有計劃地種植的，兩丈右左一棵，他們恰巧趕上了花開季節。

因爲下雨，他們槍口朝下的倒揹着，廖聲濤的槍仍然由洪通揹，洪通低着頭走路，上身向前傾，這是他的習慣，他走路時好像在想什麼心事？當黃翰文謝志高他們交口稱讚桐花開得如何好看，描寫得像一首詩時，他仍然低着頭走路，看也不看一眼。

「洪通，你看這些桐花開得多好看？」林遇春指着燦爛的桐花對他說。

「好看？有什麼用？」洪通抬起頭來望了桐花一眼，撇撇嘴說：「又不能當飯吃！」

「吃飯歸吃飯，看花歸看花，這是兩件事，你怎麼把它扯在一起？」林遇春奇怪地望着洪通

洪通沒有理會林遇春的話，仍然低着頭走路，腦殼一顫一顫，林遇春搖搖頭，就和黃翰文他們一道走。

「看花是一種樂事，洪通有花不看，眞怪！」林遇春笑着對他們說。

「你要他看花，那不是對牛彈琴？」謝志高說。

「說不定他還在心痛昨天的晚飯錢呢？」廖聲濤說。

「你也是，什麼人不好吃？何必吃他的？」黃翰文責怪廖聲濤。

「他一錢如命，爲什麼不讓他破費幾文？」

「吃了都會噁心！」

「我纔不噁心。昨天吃得他心痛，我可眞舒服。你別看他不起，他的板帶就是聚寶盆，多的是鈔票和四川大銅板。」

「他就是有一座金山、銀山，我也不眼紅。」

「到花園以後我們可以再敲他一頓。」

「你一個人吃好了，我可不奉陪。」謝志高說。

「你們兩人都是拗相公，不吃他吃誰？」

「小子，你要是再敲他的竹槓，我非揍你一頓不可！」劉漢民回過頭來罵廖聲濤。

廖聲濤望了劉漢民一眼，眼睛一眨，不敢作聲。

過鎮溪以後，天氣放晴，淡紅色的桐花，在陽光照耀下更加可愛。

路上很少車輛，也很少行人，山坡上偶爾有一兩戶簡陋的人家，那是世居深山的苗人。走了一上午，他們只碰見一個四五十歲的女人在山邊挖地，大家都不敢惹她，因為怕她「放蠱」。他們早已聽說苗人會放蠱，現在已經進入苗區，自然要小心了。

到矮寨以前，他們在路上吃了午飯，預備爬山，雖然他們走的是公路，但山勢越來越高，公路像條蛇，蜿蜒地向上盤旋。

洪通不聲不響循着一條直瀉而下的乾涸的山澗往上爬，雖然很陡很險，他却最先爬上山頭。

休息了好半天，纔有人到達。

廖聲濤在山腰上休息了好幾次，還叫腿酸，罵山太高，路不該這麼修，害得他走冤枉路。

「快走，前面的人早到山頂了。」黃翰文揹起背包催促他。

廖聲濤拉着黃翰文的手站起來，扶着黃翰文的肩慢慢走。他們到達山頂時前面的人已經走了。

黃翰文縱目遠望，前面盡是綿延不斷的高山，彷彿大湖裡洶湧的波濤。那青灰色的山脊，個個直上雲霄，朵朵白雲，在群山的背脊上悠閒地散步，使人有一種飄逸超脫的感覺。

「你看，前面的山更高，難怪他們叫這矮寨了！」黃翰文指着前面的高山對廖聲濤說。

「那我們眞要上天了！」廖聲濤做出一個怪相，又想坐下休息，黃翰文抬起脚就走，他只好跟着走。

到排比時天色已經不早，他們就在這裡宿營。

排比是一個苗人的村落，住的全是苗人，但是會講漢話。幾乎每家苗人的屋門口，都用一塊木板或長機，擺些糍粑和地瓜之類的東西賣，也確實做了一筆好生意，女人孩子都笑嘻嘻。

黃翰文幾個人住在一家苗人的堂屋裡，這家苗人的房子比較大，人口也多，四個兒子三個女兒，還有媳婦孫兒女，一家十幾口，非常熱鬧。他們對黃翰文這些人很客氣，叫他們「學生軍」。黃翰文向他們買糍粑也不肯要錢。這家苗人的知識水準也比別的苗人高，境況好像也强一點。那個老年苗人告訴他們，他的二兒子「打日本去了」，省主席也到過他們的家。

他的三個女兒皮膚都很白嫩，老二今年十七歲，是最漂亮的一個，也最會做生意。

她們的服裝是大袖子，大擺，銅鈕扣，銀手鐲，鑲邊，包頭，赤脚。

廖聲濤對老二很有興趣，他常常故意向她買點東西，乘機和她搭訕幾句。她顯得有點羞怯，會講的漢話也不太多，常常欲言又止。

黃翰文和那個老苗子談得很投機。老苗子的漢話雖然講得不流利，但他老於世故，懂的事情比較多，他告訴黃翰文他是這裡的甲長。黃翰文因爲背包太重，把那件棉大衣送給老苗子，老苗子起初不肯接受，經黃翰文一再解釋，他纔收下，他也送了黃翰文一些糍粑和洋地瓜，黃翰文也收下了。

第二天淸早，老苗子的大女兒二女兒一人背着一大簍地瓜，提了幾隻鷄到花園趕場去了。排比離花園不遠，黃翰文他們吃過早飯，從容出發，吃午飯時就到了。他們從街上經過，碰見老苗子的兩個女兒蹲在街邊，鷄已賣掉，地瓜還沒有賣完，黃翰文和廖聲濤向她們打招呼，她們羞澀地[illegible]一笑。

趕場的苗子很多，大半是女人孩子，賣的也多半是鷄、蛋、地瓜、花生。男人趕場的也有，他們賣的多半是打獵來的野猪、兎子、松鼠、野鷄、猴子，或是從深山裡採來的草藥。

黃翰文他們在一個縉紳之家安頓下來，就上街蹓躂。花園市面不大，碰上趕場却非常熱鬧，到處擠滿了人。在街上他們又碰到那對苗人姊妹花，她們自己的東西賣完了，正在買別人的油鹽土布，黃翰文買了一大塊鹽巴送她們，她們起先是張大眼睛怔怔地望着他，隨後又嫣然一笑，高興得不得了，說了聲多謝，就揹着簍子走了，走了十幾步路，又回過頭來向他們一笑。

「她們向我們放蠱。」廖聲濤嬉皮笑臉地說。

劉漢民駡他胡扯，他又接着說：

「要是這樣放蠱，我情願讓她們多放幾次。」

劉漢民推了他一下，他指着黃翰文說：

「如果翰文不走，那老苗子眞會招他作女婿，他老二眞像一朵山茶花。」

黃翰文一心看街沿的東西，他對松鼠猴子很有興趣，沒有答話。

市場沒有散，還有許多苗女在繼續買賣，他們邊看邊談，發現不少皮膚白晳，明眸皓齒的苗女，只是個子小一點，沒有漢人高大。有少數苗女還不會講漢話，大概是生苗。

下午四點以後才漸漸散場，路遠的走得早些，附近山區的苗子走得遲一點，她們背着空簍子更是健步如飛。

他們望着苗女的背影，看着淩亂的市場，有點空虛悵惘。

第三十二章　龍潭虎穴人如蟻　取巧投機心自虛

他們在秀山休息了一個禮拜，因爲龍潭那方面正鬧土匪，一個軍在全面清剿，戰事還沒結束秀山以出產桐油出名，是川湘黔邊的重鎮，他們住在一個姓范的大財主家裡，湖南、貴州、四川都有他的桐山。他的房子很大，建築堅固，板壁窗櫺都鏤了花，大門是用鐵皮包着，塗了一層古銅色的油漆。家具油漆得通紅，閃閃發亮，泡茶的蓋盌是景德鎮的細瓷。范老先生蓄了兩撇八字鬍鬚，人很清瘦更顯得精明，他手裡總不離那根四五尺長的旱煙桿。他和江隊長很談得來，江隊長也把他當作長輩，他有一個小兄弟在川軍裡當中將師長，去年出川抗日了。他的大兒子在重慶做事，另外還有兩個兒女也在重慶上大學，他老兩口子帶着小兒子和長工娘姨在家裡享福。

范家的娘姨大約三十來歲，人生得很俏，眉毛眼睛都會講話。范老先生抽鴉片煙總是她燒泡。有一次廖聲濤從范老先生的書房外面走過，向窗子裡瞄了一眼，恰好看見范老先生和那個俏娘姨正橫躺在床上打情罵俏，范老先生在俏娘姨豐滿的胸脯上摸了一把，俏娘姨拉着他右邊的鬍鬚扯了幾下，范老先生痛得眉一皺，嘴一歪，廖聲濤幾乎失聲笑了出來。可是他們兩人一走出書房，又完全是一副主僕模樣，范老先生擺出無上權威，娘姨也唯命是聽。范老太太整天唸佛，很少走出她的房間，范老先生的小兒子正唸初二，有時還向黃翰文他們請教代數。

當范老先生鴉片煙癮過足，興緻好的時候，他也和黃翰文他們擺擺龍門陣，問問他們的家世和求學的情形，一臉正經相。廖聲濤看到他那兩撇八字鬍，就會想起他皺眉歪嘴的情形，一想起當時的情景，他就想笑。

范老先生對於四川幾位將領的出身和底細清楚得很，和他們說話時偶爾也吐露一點。最後總是這樣勉勵他們：

「年輕人，好好地幹，將來師長軍長跑不了的。」

「不作亡國奴就行，我倒不想當什麼將軍。」劉漢民說。

「放心，中國亡不了，單以我們四川來講，就比日本大，日本小鬼怎麼亡得了我們？」

「老先生對抗戰很有信心？」黃翰文問。

「小老弟，」范老先生捋着八字鬚：「我是抗日派。不瞞你說，我老么就是我鼓勵他出川抗日的。以前我們川軍只會關起門來打內戰爭地盤，現在都出川抗日了。不怕日本的大砲飛機怎樣厲害，我們有的是人，單以四川來講，就有四千多萬人口，我們吃也會把日本鬼子吃掉。」

說着說着，范老先生又把那長煙桿咬在嘴裡吸了一口。廖聲濤冒失地問：

「聽說楊軍長有好多姨太太，兒女多得連他自己也認不清？足可以編成一連人，有沒有這回事？」

范老先生望了廖聲濤一眼，然後吸口煙，吐出一圈煙霧，慢條斯理地說：

「我也聽過這樣的傳說，是真是假我也不大清楚。不過，孔夫子說過，食色性也，這也不足爲怪。要是你老弟將來到了那種地位，還不是和他一樣？」

劉漢民黃翰文他們聽見范老先生這麼說，都哄笑起來。

「老太爺，您的眼力眞不錯，這小子就是寡人有疾。」劉漢民說。

「我活了這一大把年紀，這種事情還不落眼便知？」范老先生右手摸着八字鬚，世故地說。

廖聲濤若無其事，臉也不紅一下，他望着范老先生摸着八字鬚，自然又聯想起俏娘姨的那隻白嫩的手，心裡實在好笑。

范老先生穿着藍緞子長夾袍，手持旱煙桿，看來相當儒雅瀟洒。

那位俏娘姨用托盤遞了一盞冰糖燉桂圓水來，恭恭敬敬地遞到他的手上，他大模大樣地端起蓋碗，淺淺地嚐了一口，又放了下來，繼續擺他的龍門陣，俏娘姨端着托盤站在旁邊，靜靜地傾聽他談二劉大戰的故事。

「老太爺，他們叔侄二人爲了地盤難道六親不認？」劉漢民插嘴。

「你是東北人，不知道四川有多大。」范老先生有意無意地向他們渲染：「老實說，作一個小國的皇帝，眞不如作一個四川督軍。歷史上弒君的事多的是，何況他們叔侄？」

他從川軍內戰又談到李宗吾的厚黑學，說來如數家珍。最後他詼諧地說：

「我們四川的確有些鬼才，李宗吾這龜兒子倒眞有點道理，將來你們不妨看看他那本書，包你們升官發財。」

他們和范老先生擺龍門陣，確實長了不少見識，接觸到許多從來沒有想到的問題。

離開范家那天早晨，范老先生特別起了一個早，站在大門口送行，隊伍整理好之後，江隊長特地向他敬了一個禮，又和他握手道別，再三致謝，他也向大家揮揮長煙桿，祝大家保重，一路順風。

龍潭方面的土匪，已經打退了，江隊長還一再要大家提高警覺，要劉漢民率領三名尖兵搜索前進。自告奮勇當尖兵的人很多，劉漢民只選了黃翰文、謝志高、洪通三人。他選洪通，黃翰文和謝志高都不太樂意。

劉漢民帶着三人比隊伍先走十五分鐘，一出發他就要他們把子彈上膛，而且囑咐他們特別小心。

他們走的雖是公路，可是兩邊盡是崇山峻嶺，山頭是青青的岩石，連綿不斷，別說步槍子彈打不進，一千磅的炸彈也炸不開，他們望望那堅硬如鐵，高聳入雲的峭壁，就瞭解這一帶土匪為什麼特別多，又為什麼要用一個軍來清剿了。

他們把槍提在手上，小心謹慎地走着，每人距離十來步，洪通為了表示勇敢，要求走在前面，劉漢民只好自己殿後了。

愈往前走，路上愈顯得淒涼，沒有一個行人，甚至看不見一隻飛鳥，離龍潭十幾里地，就發現山邊有一家燒毀的孤立的房屋，有點像舊小說裡的黑店，地上還在冒煙。

隨後他們又發現好幾具屍體，倒臥在馬路邊上，穿的是藍大布衣服，破破爛爛，赤脚草鞋，有的甚至連草鞋都沒有穿，光着脚丫子仰臥在路邊的碎石子上。這幾個月來，黃翰文、謝志高看屍體看多了，所以並不太害怕。劉漢民一向膽壯。洪通對死人像對死貓死狗一樣，無動於衷。只有一點，他們的感覺是相同的，那就是屍體的血腥味薰人欲嘔，他們都自然地用手蒙住鼻子。

繼續前進，繼續發現屍體，沒有看見一個活人，他們彷彿在陰曹地府行走。山是陰森的，樹木也是陰森的，除了他們的草鞋踏在碎石路上發出輕微的聲音之外，完全是一個死的無聲的世界。

在一個山勢挺拔，公路突然成之字形的拐彎處，洪通發現對面山脚下，一所燒掉了屋頂的房屋，有一個人頭在窗口一晃，隨後又走到門口探望了一下，洪通馬上對準他打了一槍，那人應聲栽倒，槍聲還在山谷裡震盪。

黃翰文、謝志高、劉漢民馬上端着槍趕了上來，劉漢民急切地問：

「發現了什麽情況？」

「沒有什麽，一個小土匪，」洪通得意地指指那個倒下的人：「我一槍把他打倒了。」

劉漢民囑咐黃翰文和謝志高兩人加强警戒。他帶着洪通過去查看。當劉漢民和洪通兩人到達那所破屋時，洪通朝那上身倒在門外，下身躺在門裡，腰枕在門檻上的屍體踢了一脚，自言自語地說：

「巴媽日的，斷氣了。」

劉漢民先沒理會那具屍體，還自端着槍到屋裡搜索了一陣，屋裡殘破不堪，床只有三隻脚，一床破棉絮缺了一大半，床脚下有女人和小孩的破鞋，桌椅東倒西歪，米缸裡剩下不到一升米，此外什麼也沒有發現。他走出來再望望那一身襤褸不堪，背脊膀子都露在外面的屍體一眼，感慨地說：

「洪通，你打錯了人，這是老百姓。」

「怎見得？」洪通又問他。

「這是一個窮人家，床脚下有女人和小孩的破鞋。」

「女人孩子呢！」

「也許逃走了？」

「那他爲什麼躱在屋子裡？」

「他可能是回來看看自己的家？」

「爲什麽要那樣鬼頭鬼腦？」

「兵荒馬亂，他自然提心吊膽。」

「說不定他是個探子。」

「不像。」

「就算是老百姓，也是活該。」

「話不是這麽說，我們最好不要殺錯了人。」

「寧可殺錯一百，不要放走一個。爲了我們自己的安全，殺錯個把人有什麽關係？」

劉漢民望了他一眼，沒有作聲，提着槍走了回來。

黃翰文和謝志高衝着劉漢民問：

「打死沒有？」

「打死了。」劉漢民沉重地回答。

「是土匪還是老百姓？」

劉漢民不作聲，揹起槍就走。洪通輕描淡寫地說：

「沒有什麽了不得，一個老百姓。」

龍潭是個大市鎮，今天是趕場的日子，市面卻特別冷清，路上很少行人，連店鋪也是半開門，人都躲在屋裡，偶爾有一兩個人從門縫裡探出頭來向外望一眼，馬上又縮了進去。

他們在龍潭草草地住了一夜，天剛亮就向西陽開拔。

西陽是個群山萬壑中的小盆地，四圍的山彷彿是個井口，縣城恰在井底，名雖爲縣，實際上還不如一個小鎭。沒有幾家店舖，市面冷冷清清。他們是下午兩點多鐘到達的，已經看不到太陽，城裡顯得相當陰暗。

因爲地方太小，他們也就懶得出去逛街，有的洗衣，有的閒聊，有的索性打開背包睡覺。

這天睡到半夜，號兵突然吹起床號，大家都睜不開眼睛，廖聲濤更賴在地舖上不想起來，黃翰文的背包打好了，他還蒙着頭睡。劉漢民在他屁股上踢了一腳，他啊了一聲，望着劉漢民說：

「你發了神經病？起得這麼早？」

「小子，夜行軍，你還想睡懶覺？」劉漢民罵他。

「趕殺場你們去，我一個人睡。」

「小子，你想找死？」劉漢民解開腰皮帶準備抽他。

廖聲濤看見劉漢民解開皮帶，連忙身子一滾，爬了起來。

劉漢民一走，廖聲濤拍拍屁股，朝着他的背影唾了一口。

黃翰文去洗臉了。洪遁洗好了臉回來，他看廖聲濤的背包還沒有打，討好地對廖聲濤說：

「你快去洗臉，我跟你打背包。」

廖聲濤樂得把屁股一拍，拿起手巾牙刷就走，洗完臉回來，洪遁已經替他打好了背包。

大家蹲在地上胡亂吃了兩三盌「八寶」飯，就揹起背包排隊，出發前値星官特別叮囑大家：

「夜行軍不准發出任何聲音，水壺、圓鍬、十字鎬，要特別小心，不要亂碰。不准講話，不准吸煙，不准掉隊。」

夜很黑，露水很重，在露天站了一會，衣服揹包有點潮濕，頗有寒意。

他們沿着川湘公路向西行走，眼睛失掉作用，一個跟着一個，一路走一路打瞌睡，廖聲濤簡直是閉着眼睛上路，腳步雖然跟着別人行動，兩條腿彷彿不是他自己的，他懵然無知，有如夢遊一般。

走着，走着，汗水和露水漸漸濕透了稀得像紗布般的草黃軍服。

深山很少人煙，沒有惡狗狂吠，只偶爾聽見樹上發出一兩聲梟鳴，使本來深沉的夜，顯得格外深沉淒清。

大約走了十多里，値星官輕輕地對排頭說了一聲「休息」，於是一個個放下背包，一個個躺下來，一個個睡着了。廖聲濤兩腳一軟，連人帶背包一齊躺下去，接着就發出呼呼的鼾聲。

三十分鐘後又繼續前進。

一個傳一個，一個拉一個，搖搖擺擺地站起來，一晃一晃地走動，可是廖聲濤躺在地上不起來，不知道是故意裝死狗，還是眞的不知道別人站起來了？黃翰文伸手拉他，他像隻牛皮糖一身軟溜溜的，連人帶背包有一百好幾十斤，黃翰文拉得很吃力，忍不住輕輕地罵他：

「你怎麼搞的？別人都走了，你還睡覺！」

「你陪我睡一會好不好？」他迷迷糊糊地說。

「我纔不陪你，要睡你一個人睡好了。」黃翰文把手一鬆，他又像牛皮糖似地躺了下去。

黃翰文不再拉他，輕輕地告訴了劉漢民，劉漢民跑過來用槍托在他屁股上搗了一下，他哎喲一聲，往旁邊一滾，仍然躺在地上，劉漢民趕過去抓着他的胸襟，沉聲對他說：

「小子，你再不起來，我一槍托砸爛你的腦袋瓜子！」

廖聲濤駭得連忙爬起，劉漢民又用槍托在他的屁股上頂了一下，他向前竄了幾步，他一停下來，劉漢民又頂他一下，就這樣逼着他趕上了隊伍。

走了一陣，忽然聽到一聲鷄啼，大家精神一振。有人伸伸懶腰，打個哈欠，有人糢糢糊糊地睜了一下眼睛，看不見什麼又閤上眼皮，搖搖晃晃地行走。

「媽的！碰見了大頭鬼！睡得甜甜蜜蜜，偏要我們半夜趕殺場！」廖聲濤咒罵起來。

劉漢民用槍托在他屁股上頂了一下，暗示他不要作聲，他氣得大叫一聲，如石破天驚，大家自然停住腳步，値星官馬上趕過來喝問：

「什麼事雞貓子喊叫的？」

廖聲濤望了劉漢民一眼，看不淸劉漢民的表情，只糢糊地看出他高大的身影，像個鐵塔立在面前，他不敢作聲。

「搗蛋，罰你兩班衛兵！」値星官氣呼呼地說。

値星官去後，廖聲濤咬着牙齒悶哼兩聲。

黃翰文悄悄地接過廖聲濤的槍，代他揹上。槍桿上濕漉漉的，露水是愈來愈重了。

劉漢民看黃翰文和廖聲濤在一塊，乘機走開。

「好大的露水。」黃翰文輕輕地說。

「人又不是鐵打的，這樣日晒夜露，說不定將來要發人瘟。」廖聲濤又抱怨起來。

「眞沒想到會突然來個夜行軍？」

「媽的，硬是存心整人！眼睛都睜不開，還走什麼路！」

「我也是盲人騎瞎馬，剛纔差點摔一跤。」

「去他娘！到重慶以後，有機會我還是要開小差。」

「吃了這麼久的苦，犯不着再開小差。」

「你哥哥和大飯桶一心想幹軍人，我就看不出幹軍人有什麼好處？」

「穿馬靴，掛斜皮帶呀！」

「爲了一根斜皮帶，受這麼多活罪，打的什麼狗屎算盤？」

「小子，你別再胡扯好不好？」劉漢民聽了又好氣又好笑，他怕值星官聽見他們兩人講話，因此不得不制止。

廖聲濤朝劉漢民瞪了一眼，但是他看不清劉漢民的面貌，劉漢民自然也看不清他的表情。不過他覺得能瞪劉漢民一眼心裡總舒服一些，管他看見看不見？

過了一會值星官又傳令休息，黃翰文把背包解下來當枕頭，躺在馬路旁邊。廖聲濤又連人和背包一齊躺下去，頭枕在黃翰文的大腿上。劉漢民坐在背包上休息。

廖聲濤很快地打起鼾來。黃翰文睜着眼睛欣賞天上的星星，藍色的天空遙遠而深邃，他望着銀河那邊閃着大而明亮的眼睛的織女星，使他忽然想起一個人，那個人離開他很遠很遠，正如牛郎織女隔着一條浩瀚的銀河，她那對大而明亮的眼睛，使他覺得他們的距離很近，幾乎是心貼着心。他背包裡還藏着她那封信，心裡輕輕地唸着她的芳名，可是沒有回音，值星官卻傳令前進了。

黃翰文推了廖聲濤一下，廖聲濤唔了一聲，沒有立刻起來，他把廖聲濤扶着坐起，自己起來，他的腿壓得發麻，用手搥了幾下，試走幾步，再揹起槍枝背包。

劉漢民看廖聲濤還坐在地上，用脚蹴了他一下，他纔唉聲嘆氣站起來，一搖一晃地走在黃翰文的後面。

走了三十多里夜路，天亮以前大家感到更加疲倦，很多人都閤上了眼皮，甚至有人一面走路一面打瞌睡。

不知不覺間，天上的星星漸漸稀少，天邊漸漸現出一道青白的顏色，青色的山頭也隱約可辨，山窈裡人家報曉的雄鷄，喔喔長啼，聲音清亮而悠遠。

直到東方泛起一片紅霞，値星官才大聲宣佈：

「現在休息吃飯，三十分鐘後開始強行軍，下午兩點以前要趕到黔江，再大休息三天，聽到沒有？」

値星官把「聽到沒有」這句話說得特別響亮，可是反應非常冷淡，沒有人作聲，値星官知道大家心裡不高興，又提高嗓子向大家解釋一番。

値星官的話等於鴨子背上澆水，廖聲濤一句也沒有聽進去，別人也是左耳進，右耳出，根本不當一回事。

大家蹲在山澗邊洗臉，冷水一浸，頭腦清醒了很多，肚子也有點餓，於是紛紛打開飯蒲包，坐在路邊吃飯，這個飯蒲包是出發前分發的，每人一個，够吃兩頓。飯是冷的，却有粽子般的香味，每人發了一塊榨菜，自己有錢的多半帶了個把鹹蛋。

劉漢民很餓，一蒲包冷飯他一頓吃完了。黃翰文問他：

「中午你怎麽辦？」

劉漢民還沒有答話，廖聲濤搶着說：

「餓死活該！」

「我們大家口邊勻糧，還可以湊合一頓。」黃翰文說。

「我寧可餵狗。」廖聲濤說。

「小子，你別討揍！」

「你再揍我，我就喊救命。」

「小子，記住你還有兩班衞兵？」

「槍斃我也不站。」

劉漢民隨手打開水壺，咕嚕咕嚕地喝了一頓，喝完望着空水壺說：「飯不够，水也不够。」

「眞是個當兵吃糧的大飯桶！」廖聲濤駡他。

劉漢民沒有理會，用力把水壺蓋塞緊，特別提醒廖聲濤：

「這一口氣要趕七八十里路，小子，你要吃飽喝足，可不能拖死狗。」

「走不動拉倒，天塌下來也不止壓死我一個人。」廖聲濤吊兒郎當地說。

「小子，你說得輕鬆，恐怕值星官不會便宜你？」

「那你做副擔架抬我好了？」

「除非你翹辮子！」

值星官把哨子吹得嘟嘟叫，尖銳刺耳，哨音一落，他就宣佈強行軍開始，大家眉一皺，牙一咬，唉聲嘆氣，站了起來。也有人硬充好漢，腰桿一挺，大步前進，洪通就是這樣，他和幾個大個子走在前面。

廖聲濤愁眉苦臉地掉在後面，僅僅揹了一個不到十公斤的大背包，又瘦又小，看來像一根「二來子」油條，但他還恨不得把背包摔掉。

「翰文替我揹槍，你應該替我揹個背包，不然我會掉隊。」走了幾里路他對劉漢民說。

「你別儘打歪主意，」劉漢民馬上擋回去：「山遙路遠，現在還早得很！」

廖聲濤不作聲，又走了一兩里路，他突然摟着肚子唉喲唉喲地叫嚷起來。黃翰文和劉漢民急着問他什麼事，他兩條眉毛皺在一塊，拉長着臉說：

「唉喲！我肚子痛死了！」

「大概是吃壞了冷飯吧？」

「該不是絞腸痧吧？」

大家你一句，我一句地瞎猜，廖聲濤却一直彎着腰摟着肚子嚷痛。偵星官趕了過來，給他幾顆仁丹要他吞下去，他趁勢往地上一躺，抱着肚子滾了兩下，偵星官也有點着慌，馬上吩咐劉漢民作擔架，劉漢民用圓鍬在路邊砍了兩根竹子，作了兩根直橫，兩根槓檔，解開綁帶匆匆地綁好，作了一個簡單的擔架，偵星官吩咐劉漢民黃翰君兩人抬他，他們兩人把他抬上擔架，他的身體彎着像一隻大龍蝦，躺在擔架上還哎喲哎喲地叫嚷。

劉漢民和黃翰君累得滿頭大汗，腳底下還要加油，因爲偵星官怕廖聲濤是盲腸炎，要他們抬着趕快走，早點趕到黔江也許還有辦法。

黃翰文許挹清也緊緊地跟在後面，以便接替。

他們一口氣抬了二十多里路，黃翰君有點支持不住，黃翰文接着抬，許挹清的身體弱，沒有什麼力氣，劉漢民不要他替換，一直抬下去，他額上爆出黃豆般的汗珠，一顆顆地滾下來。

一路上誰也沒有休息，洪通和幾個大個子，像競走般地在前面趕路，其他的人多半低着頭走，悶聲不響，劉漢民不願意浪費氣力，更難得講一句話，只有廖聲濤睡在擔架上哎喲哎喲地叫嚷。劉漢民說：

「小子，你別窮叫好不好？你越叫我越心慌。」

廖聲濤的聲音果然漸漸低沉下來。

離黔江還有七八里路時，廖聲濤說好了許多，要自己下來行走，劉漢民他們的肩膀都磨破了，鬆了一口大氣，把他放了下來。

「小子，我真耽心你翹辮子，不然我纔不捨！」劉漢民吐口氣說。

廖聲濤沒有回答，兩眉一鎖，眼睛一閉，右手搭在許挹濤的肩上，左手按着肚子，彎着腰慢慢地走。

到了黔江，黃翰君黃翰文兩兄弟一身骨頭像散了一樣，動彈不得，連劉漢民也疲憊不堪，往床鋪上一躺，就呼呼地睡着了。

廖聲濤也乘機睡了一頓好覺，而且免除了兩班衛兵。

洪通因爲是最先到達，顯得格外神氣，故意裝作精神抖擻，隊長和值星官着實誇獎了他一番。

「昨天你是眞病還是僞裝？」第二天黃翰文和廖聲濤一道洗臉，悄悄地問廖聲濤。

廖聲濤先向四周掃了一眼，看見沒有別人，向黃翰文把眼睛一眨，笑嘻嘻地說：

「有鬼的病？還不是裝給大飯桶値私星宮看。」

「我當時就有點懷疑，不過我又不便揭你的底。」

「千萬使不得！」廖聲濤連忙搖手。

「你爲什要要裝病？」

「我不裝病，難道一個人丟在路上作野鬼不成？」

「其實我也是硬撐，你未必眞不能走？」

「夜行軍不算，還要强行軍，一口氣走七八十里路，簡直是整人！我纔不那麼傻。」

「如果漢民不抬你，怎麼辦？」

「大飯桶是包公面孔，菩薩心腸，不會見死不救。」

「你還是在唐僧盌底放豬肉，要他睜着眼睛上當。」

「如果我不裝病，那兩班衞兵怎麼免得了？」

「你只圖自己痛快，不顧別人死活！」

「你不知道大飯桶有多可惡？」廖聲濤兩眉一挑：「昨天我在前面走，他老是用槍托在後面頂我的屁股，眞頂得我惱火，我一叫値星宮又罰我兩班衞兵，不想個辦法整他一下，我這口寃氣怎麼出得成？」

黃翰文說要把這件事告訴劉漢民，廖聲濤馬上作揖。

劉漢民拿着毛巾牙刷蹣跚地走了過來，黃翰文以目示意，廖聲濤立刻停止作揖。劉漢民遠遠地問他：

「小子，你作了什麼虧心事？」

「平生不作虧心事，那怕半夜鬼敲門？」廖聲濤氣定神閒地回答。

「那你爲什麼向翰文打躬作揖？」劉漢民走到他身邊，打量了他一下。

「我向他陪禮。」

「陪什麼禮？」

「我失錯踹了他一腳。」廖聲濤信口胡謅。

黃翰文望了廖聲濤一眼，廖聲濤向他擠擠眼睛，非常得意。

劉漢民正在低頭漱口，漱完又打量廖聲濤一眼，發覺他的精神很好，不禁有點奇怪。

「看樣子今天你倒可以打死一條牛，怎麼昨天像條死狗？」

「天有不測風雲，人有旦夕禍福，要不是祖上有德，昨天眞的差點翹辮子。」廖聲濤絞着手巾，慢吞吞地回答。

「小子，你要是眞的翹了辮子，倒可以省掉我不少手腳。」

「你放心，我鴻福齊天，死不了。」

「這眞叫做好人不長壽，禍害一千年。」

「好心自有好報，你咒我也沒有用。」

「你小子的心眼兒比誰都壞，想不到老天爺也會受你的騙？」

廖聲濤聽了哈哈大笑，黃翰文也忍不住笑。

劉漢民有點莫名其妙，望着廖聲濤說：

「小子，你葫蘆裡賣的什麼藥？」

廖聲濤笑着拿起毛巾牙刷，摟着肚子一溜煙跑掉。

「翰文，到底是怎麼回事？」劉漢民問黃翰文。

「他的板眼多，誰猜得透？」黃翰文笑着回答。

「這小子眞壞，那天非好好地揍他一頓不可。」

「他天不怕，地不怕，就是怕你的拳頭。」

「可是揍他也得有點理由。」

「你的理由永遠沒有他的充足。」

「誰說的？」洪通端着臉盆走過來，連忙接腔：「他昨天就該打屁股。」

「為什麼？」劉漢民問洪通。

「昨天他是裝病，其實屁的毛病都沒有。」

「你怎麼知道？」

「他自己講出來的。」

「什麼時候講的？」黃翰文望望劉漢民又望望洪通。

「他昨天晚上說夢話，我還聽見他笑！」

「這小子眞渾球！」劉漢民罵了一句。

「黃鼠狼偷鷄，他纔刁咧！旣不用走路，又免掉了兩班衛兵，隊長都沒有他舒服。」洪通說。

「洪通，你不要瞎說，可能他是眞的肚子痛。」黃翰文故意沖淡洪通的話。

「我纔不瞎說，」洪通連忙申辯。「是他自己講的，不然我怎麼知道？」

「夢話不一定可靠。」

「我看十成有九成是裝的，這小子做得出來。」劉漢民對廖盤福剛纔的哈哈大笑，已有幾分疑惑，現在把洪通的話一對照，更相信他是裝病了。

「如果他不是裝病，你們不抬他，我不一定先到。」洪通一石二鳥，討好他們兩人。

「洪通，你別再添油加醋好不好？我不在乎遲到早到，也用不着向誰討好！」黃翰文正色地說。

洪通向黃翰文齜牙裂嘴一笑，馬上蹲在井邊低頭洗臉。

黃翰文怕廖聲濤挨揍，比劉漢民先走一步，他把廖聲濤拉在一邊，警告他說：

「你的西洋鏡拆穿了。」

「是不是你告訴他的？」廖聲濤連忙問。

「若要人不知，除非己莫爲。」

「那怎麼辦？」廖聲濤有點着急。

「要是漢民再問起這件事，你不要承認，不然少不了一頓揍。」

廖聲濤摸摸後腦殼，皺皺眉，一把抓住黃翰文說：

「翰文，你不要離開我。」

「爲什麼？」

「要是大飯桶揍我，你就拉一拉。」

「揍死活該，我纔不拉。」黃翰文故意轉身走開。

「唉！眞倒楣，不知道是那個忘八蛋講的？」廖聲濤急得駡了起來。

他調轉頭來一看，發現劉漢民正向他走來，他做賊心虛，拔起腳來想跑，劉漢民卻出乎意外的溫和地對他說：

「別跑，我不揍你。」

廖聲濤將信將疑地望着劉漢民，劉漢民走近他又惶惑地追問一句：

「眞的？」

劉漢民點點頭，他這纔放心站着不走。

「你昨天是眞的肚子痛還是假裝？」劉漢民站在他面前問。「你老實對我講。」

他不作聲，只向劉漢民咧着嘴笑。

「本來我想好好地揍你一頓，但你又不是小學生，再過幾個月大小是個官兒，[illegible]不能全靠賣弄小聰明，你知不知道？」劉漢民望着他說。

「本來我就不想幹軍人。」

「幹什麼都一樣，做人總要有點傻勁，不能專動歪腦筋。」

廖聲濤怔怔地望着劉漢民，嘴巴動了幾下，沒有發出聲音，劉漢民又接着講下去：

「昨天你躺在擔架上固然舒服，可是我和翰君翰文也沒有累死，你也只佔到那麼大的便宜。

「算了，算了！別再講了，」廖聲濤突然叫起來：「乾脆揍我幾下好了！」

「我不揍你，你自己想想好了！」劉漢民瞪了他一眼，腳步咚咚地走開。

「大飯桶眞可惡，乾脆揍我幾下還好受些。」

「你不是怕他揍嗎？」

「他的話可比拳頭還重！」

第三十三章　死死生生逃一劫
邪邪正正路三條

他們終於結束了長途的行軍生活，在重慶附近的一個縣裡停了下來，駐紮在一個楊姓大祠堂裡面。

這裡離前方很遠，聽不見炮聲，日本人的飛機也沒有來過。他們駐地附近就是一個集場，每逢趕集的日子顯得格外的繁榮——一種戰時的新興氣象。

他們首先是平操場，把祠堂面前一大塊地用沙石塡平起來，他們沒有壓路機，壓平操場的唯一辦法是跑步，操場鋪上沙石之後，値星官每天要他們整隊在上面跑步，一跑就是半個鐘頭，早晚點名時要跑，白天也跑，十天跑步下來，操場已經很結實平整了。

繼之而來的是加緊訓練。操場、課堂；課堂、操場。他們眞的忙得連大小便的時間都沒有了。

就在這種緊張訓練當中，有很多人生病了，黃翰文和廖聲濤也病了，廖聲濤病得比較輕，可是他却天天請病假，賴在統舖上不出操，連「見習」也不幹，値星官到舖上來查，他就愁眉苦臉，嚷嚷頭痛，値星官摸摸他的腦売並不發燒，可就是沒有辦法要他上操，因爲這期間有一位好勝的同學，抱病上課上操，結果死了，所以値星官也不敢再勉强廖聲濤。

黃翰文的病和廖聲濤的不同，他整天發燒，起先還以爲三兩天就會好的，可是三天過去了，不但沒有好，反而加重起來，隊上沒有醫官，連一片阿司匹靈都找不到，和大隊部總隊部相距又有十多里路，那邊雖有一位醫官，也是有名無實的「蒙古大夫」，藥品同樣的缺乏。黃翰君和劉漢民看看情形不對，便決定把他抬到十五里路以外的一個大鎭上去請中醫看，那裡有一位有名的中醫。但是請中醫要錢，每月九塊六毛錢的士兵薪餉，根本沒有什麼剩的，於是他們兩人和一部份要好的同學東拼西湊，也不過湊到五塊錢，黃翰君和劉漢民就帶着這五塊錢把黃翰文抬到鎭上。

那位醫生姓陳，四十來歲，他替黃翰文一診脈，臉色就陰沉下來，診了半天都不作聲，看過舌苔之後又嘆了一口氣。黃翰文自己閉着眼睛，昏昏沉沉，什麼也不知道，黃翰君和劉漢民都非常着急。

黃翰君問是什麼病？醫生說是「濕溫」。他處過藥方之後又安慰他們兩人：

「你們放心，我看病向來不馬虎。他這種症候很難醫，一半在人，一半在天，還要看他祖上的德行。」

「我們家裡沒有作過缺德的事情。」黃翰君說。

「這我看得出來。」陳醫生向黃翰君點點頭。「他儀表堂堂，出身很好。」

「大夫，你會看相？」劉漢民驚奇地問。

陳醫生笑而不答，開完藥方又抬起頭來看了黃翰文一眼：

「可惜他眼善心慈，太重情感道義。如果生在太平盛世，不爲良相，必爲良醫；生在這種亂世，只怕眞的生不逢辰。」

說完把藥方交給藥舖老闆，黃翰君連忙掏出一塊法幣遞給他作爲脈禮，他笑着搖搖手：

「脈禮免了，藥錢你們照付。因爲藥舖不是我開的，我不過在這裡掛個招牌，行行方便。」

他們一再稱謝，買好藥又把黃翰文抬進一家小飯店，住進一間又小又黑的房間，一進門就聞到一股沖鼻的尿騷，原來牆角落擺了一隻糞桶，盛了滿滿的一桶尿。

黃翰君請了一天假，在這裡照顧黃翰文。劉漢民等藥煎好，看黃翰文吃下之後，在天黑之前趕了回去。

第二天早晨，黃翰文服過藥，黃翰君就去請陳醫生再來看看，陳醫生仔細診了脈，看了舌苔，囑咐黃翰君再檢一包藥試試。

陳醫生看黃翰文住的地方不好，又主動地替他找了一個地方住，是藥舖隔壁的一個老百姓家裡，在堂屋後面用門板搭了一個舖位，空氣好些，而且不要錢。晚飯後劉漢民趕來看黃翰文時，就和黃翰君兩人把他抬了過去。

這天晚點以前，劉漢民又匆匆地趕了回去，第二天早晨黃翰君照顧黃翰文服過藥也匆匆地趕了回去，因爲他和劉漢民都是班長，這幾天正打野外，不能離開。

以後他們兩人每天輪流趕來，清早再趕回去，來去跑三十多里路。許挹清、謝志高也抽空來看看黃翰文。

陳醫生每天準時替黃翰文看病開藥方，換了四五帖藥方，黃翰文還沒有起色，陳醫生也有點急了。禮拜六這天晚上，他趁黃翰君劉漢民都在，開了一副猛藥，要他們照顧黃翰文服下，隨時注意。黃翰文服下不久，額上冒出豆大的汗珠，人也暈迷過去，他們兩人守在旁邊，不時摸摸黃翰文的胸口，心跳非常微弱，鼻子裡氣息奄奄，兩人急得一夜未曾合眼，雞叫以後，纔漸漸好轉，偶爾微微呻吟一聲，燒漸漸在退，人也睡着了。

天一亮，陳醫生就趕了過來，連忙把手掌覆在黃翰文的腦殼上，高興地叫了起來：

「眞是祖上有德，得救了！」

「大夫，他昨天吃藥之後暈了過去，我們就了一夜心思。」

「現在我可以告訴你們兩位，」陳醫生向他們鄭重其事的說：「那是一副猛藥，我從來沒有開過，死馬當作活馬醫，好歹就是這一下，昨夜我也一直沒有合眼。」

「現在該不要緊吧？」

「我保險。」陳醫生笑着拍拍自己的胸脯：「再吃兩包藥，燒可以退淸。」

兩包藥吃下之後，黃翰文眞的好轉起來，肚子也知道餓了，先是吃點藕粉，再吃稀飯，黃翰君早晨離去，晚上總要熬點稀飯留着他喝。

就在黃翰文日有起色時，他們隊上相繼死了十位同學，黃翰君和劉漢民起先不敢告訴他，直到他能自己坐起來大小便時纔說出來。他聽了也有再世之感。

隨後他問起廖聲濤，劉漢民感慨地回答：

「他還在裝病，既不上操，也不打野外，天天『見習』，這小子眞不是東西。」

「他怎麽不來看看我？」

「他怕値星官拆穿了西洋鏡，不敢來。」

「他能一直裝下去？」

「反正他小子會鑽空子。」

黃翰文病好之後，又和廖聲濤、許挹清一道考取了重慶一個最高訓練機構，

黃翰文和許挹濤考取了大家認為是意料中事，廖聲濤考取了他們都不大服氣，認為是瞎貓碰着死老鼠。廖聲濤可一點也不在乎，沒有申辯過一句，只在臨走時故意露出志得意滿的神色。

兩個月之後，黃翰文和劉漢民他們同時畢業了。

黃翰文、廖聲濤、許挹清留在重慶工作。胡以羣也分發到重慶。劉漢民、黃翰君、謝志高、洪道、林遇春這些人分發到九戰區作戰部隊當見習官。

他們在重慶聚會，大家痛痛快快地吃了幾頓，看了幾場電影、話劇。還拍了一張照片留作紀念。

臨別時劉漢民特別對廖聲濤說：

「小子，我希望你是一條龍，不要變蛇。」

廖聲濤皺皺眉，聳聳鼻子，向劉漢民一笑：

「大飯桶，你怎么老是嘀咕我？」

「我不嘀咕你嘀咕誰？翰文、挹清都不會走邪路，自然用不着我嘀咕。」

「難道你看準了我會走邪路？」

「比你正的人多，比你邪的人也有，只有你是脚踏兩邊船。往好的方面走，你有辦法；往壞的方面走，你比誰都壞，所以我對你小子始終不放心。」

「我固然不同翰文，但也不是洪通，你操個什麼心？」

「走正路，你可以趕上翰文；走邪路，更可以超過洪通；你有翰文的才氣，但你的心眼兒比翰文多，你有洪通的心機，但你比洪通多喝點墨水，我躭心的就在此。」

「你只知其一，不知其二。」

「怎麼我知其一，不知其二？」

「我雖然有翰文的才氣，但我缺乏翰文的恆心和毅力；我雖然有洪通的心機，但沒有洪通的心狠手辣，所以我早替我自己算過命。」

劉漢民聽了一怔，睜大眼睛望着廖聲濤，他眞想不到廖聲濤會看清自己。

「所以眞刀眞槍地幹，我幹不過翰文；走邪門歪路，又搞不過洪通，自然更不是羅璋的對手。因此我想——」

「你想怎樣？」

「也許我只好走第三條路。」

「第三條路？」

「如果翰文和你們成功，自然天下太平，大家有好日子過，我也樂得風流；如果聶璋洪通還班人成功，就天下大亂，我要吃點苦頭。但不管怎樣，我總要撈一筆，決不打空手。」

劉漢民睜大眼睛望着廖聲濤，半天說不出話來。

這夜他整夜沒有睡好，本來只想教訓廖聲濤一頓，想不到廖聲濤的話却引起很多問題。

第二天清早，劉漢民他們就趕到江邊，搭上輪船。

民生輪一離開碼頭，就順流而下。水流很急，船像一隻紙紮的輕舟，迅速地漂流，船身漸遠漸小，最後像一枝脫弦的箭簇，如流星般地消失在兩山之間。

黃翰文望着混濁的江水，悵然若有所失。

第三十四章　霧中相撞如夢幻　窰洞生涯尚悸心

霧季開始了。

黃翰文很喜歡桑得堡那首描寫霧的詩，他常常坐在騎樓上一邊欣賞山城的霧，一邊輕吟着桑得堡的詩：

霧來了
以小貓的脚步
蹲視着港口和城市
無聲的弓起腰部
然後走了

可是眼前的情形不同，這是一場瀰天大霧，整個重慶市都籠罩在濃霧之中，什麼也看不見。

他等了好久，霧還是不散；而住在山城的人，個個都希望每天有一場大霧，越久越好，霧雖然帶來滿屋子潮氣和許多不便，却給他們一種特殊的安全感。因為有霧的天氣就不會有空襲，「五、三」，「五、四」的大轟炸，重慶人現在想來猶心有餘悸。

十點多了，霧還是不散，黃翰文從宿舍走了出來。一到街上只聽見黃包車的喇叭，叭叭地響，却看不見黃包車；聽見有人在街上講話，却看不見人影。

他在人行道上緩步而行，仍然不免和別人相撞，他所能看到的不過三兩尺遠。

他一面走一面想着桑得堡的那首詩，他覺得那首詩好，但不能形容今天的霧，也許桑得堡沒有到過倫敦？沒有看過倫敦的霧？自然他更沒有來過重慶，沒有看見過重慶的霧了。而此刻的霧却給黃翰文一種新鮮的感覺，使他有一種詩的[illegible]衝動。

海以光的脚步
突然上升，上升
陸地以同等的速度
直線下沉，下沉

時間的睫毛輕輕一瞬
人類立刻變成海底的魚群
兩旁壁立的貝殼的耳朵
代替了[illegible]開着的小杏的窗戶
前鰭不時觸動灰色的[illegible]
後鰭輕點着花崗石的珊瑚

我想以超光的速度
從這灰黯的海底
向藍色的太空游去

他正低頭沉思吟詠，突然和一個人重重地撞了一下，對方「喲」了一聲，一連退了幾步，幾乎摔倒。他還纔如夢初醒地趕了上去，一把拉住。雙方定睛一看，不禁目瞪口呆。過了好半天，對方喜極而泣地說：

「你是黃？」

「我是黃翰文。」黃翰文連忙回答：「你是莊靜？」

她點點頭，眼淚潸潸而下。

黃翰文握着她的手不知如何是好？兩眼怔怔地望着她，過了一會纔問：

「妳怎麼到重慶來的？」

「逃來的。」她含着淚說。

「來了好久？」

「不到一個月。」

「住在什麼地方？」

「青年會。」

黃翰文望望她那一身土藍大布旗袍，蔴布袋似的短外套，頭髮很長，面容憔悴，和一年前在漢口相遇時完全兩樣。唯一未變的是那對大而黑的深情的眼睛，只是有點像受驚的小鹿，神色驚疑未定。

「我們找個地方談談好不好？」黃翰文問她。

她膽怯地望望周圍，沒有看見什麼人，纔輕輕地回答：

「好。」

於是他們像兩條魚樣，在大霧中並肩而行，走得很慢，彼此不時對看一眼，她顯得興奮而羞怯，看過之後又微微低下頭來。

「剛纔你醉八仙似的，你在想些什麼？」沉默了一會，她忽然微笑地問。

「我在想一首詩。」他也回她一個微笑。

「什麼詩？」

「是關於霧的。妳看過桑得堡的『霧』沒有？」

「沒有，」她搖搖頭：「在延安我們只能看到普希金、萊蒙托夫、尼克拉索夫，和馬雅可夫斯基這些人的詩，其他的很難看到。」

「桑得堡是美國的詩人。」

「我們只能看到辛克萊、賈克倫敦少數人的作品。」

「什麼原因？」

「誰知道？」她搖搖頭[illegible]一笑：「也許別人的作品真像他們所說的含有資本主義的毒素

？」

黃翰文不瞭解她這句話裡含有多少辛酸？只是憐惜地望了她一下，隨後又問她。

「在延安妳寫過詩沒有？」

「我那有心情寫詩？」她向他苦笑。

他又望了她一眼，看她那憔悴的樣子，不禁輕輕地問：

「延安到底怎樣？」

「等會再說吧。」她輕輕地回答，隨後又望望他的中尉領章：「你什麼時候畢業的？怎麼升得這樣快？」

「剛畢業，我和廖聲濤佔了一點便宜，一分發就是中尉。」

「廖聲濤是不是瘦瘦高高的？頂調皮的那一位？」她笑着問。

「就是他。」黃翰文笑着回答：「妳的記性眞好！」

「我也不知道是什麼原因？」她掠掠披肩的長髮：「對你們的印象特別深。」

「也許是廖聲濤特別調皮？」

「那倒未必？其實你和他並不一樣。」

「我比不上他。」

「不，你是滿瓶水，不響。」

霧迎面撲來，濕氣很重，黃翰文的草黃棉布軍服濛上一層銀亮的水珠，莊靜的長髮上像撤了一層銀屑，她把長髮輕輕一甩，銀屑隨即紛紛滑落。

「好大的霧！」黃翰文把手在面前輕輕一揮。

「要不是這場大霧，我們也許碰不到？」她微微仰起頭來望着他說。

「眞的，如果不是這場大霧，我早就出來了。」

「那我可能還躲在青年會。」

「妳爲什麼要躲？」他奇怪地問。

「我怕許亞琳。」她望了周圍一眼，輕輕地說。

「怎麼，許亞琳也在重慶？」

「她在新華報跑外勤。」

他哦了一聲，沒有再說什麼。她停了一會，忽然想起什麼似的問他：

「你接到我的信沒有？」

「接到一封。」

「在路上我還寫了兩封。」

「我沒有收到。」

「難道許亞琳沒有轉給你？」她睜大眼睛望着他。

他搖搖頭。

「奇怪？」她自言自語。

「不要奇怪，」他感慨地說：「她自己的一封信，差點害得廖聲濤和我坐牢。」

她問是怎麼一回事？他把經過的情形告訴她，然後又抱歉地對她說：

「我沒有回妳的信，請不要見怪。」

「我不怪你。」她眼圈一紅。滾下兩顆熱淚：「我只恨許亞琳，她騙得我好苦！」

他問許亞琳怎樣騙她？她擦擦眼淚，又向他微微一笑：

「別急，我會慢慢告訴你。」

他把她引進一家偏僻的本地館子，在樓上找了一個狹小的房間，這房間沒有一個客人，只有濛濛的霧。

霧從窗口飄進來，小房間裡灰濛濛的一片，他們靠着一張小竹桌對面而坐。

她把披肩的長髮拉到胸前來，用手絹擦乾髮上銀亮的水珠，然後向後一甩，長髮自然地披在肩上。他默默地望着她那一頭長髮，覺得她更像一位古典美人。她發覺他望着自己，心裡非常高興，臉上自然浮起一層紅暈。

「你好像瘦了一點？」她仔細望了他一眼說。

「我生過一場大病。」他說。

「現在完全好了？」

他點點頭，隨後也問她一句：

「延安的生活很苦？」

「不僅生活苦，還有更苦的事。」她嘆口氣，眼圈又不自覺地紅了。

「當初妳如果不去延安，現在身體也許好些？」

「許亞琳把延安說成人間天堂，我從天堂出來，却落得這般模樣。」

「到底是怎麼一回事？」

「天堂裡面住着許多魔鬼。」她用手絹擦擦快要流出的眼淚。

「怎么會有那麼多的青年自投羅網？」

「騙死了人不償命，進去了又出不來，壞事不出窑洞，好事滿天飛，自然有人去。」

「妳是怎麼出來的？」

「我逃了三次纔逃出虎口。」她掩面哭泣起來。

「有沒有不想逃的？」

「自然有。」她點點頭：「他們有許多法寶，青年人愛戴炭簍兒，也愛喝一杯水。」

黃翰文第一次聽見「一杯水」這個新名詞，他不懂是什麼意思。他問莊靜，莊靜臉一紅，頭一低，過了一會纔說：

「你不必細問，我也說不出口，以後妳會慢慢明白。」

黃翰文聽她這樣說，便不再問這些問題。他很想知道聶璋的近況，問莊靜知不知道聶璋這個人？

「他是你的什麼人？」她反問他一句。

「同班同學。」

「他是個帶頭份子，在那邊最吃香。想不到你有這樣一位好同學？」

「在學校時我們並不知道他是共產黨。」

「現在你好像對他還很關心？」

「好歹總是同學。」

「他可不和你一樣，他早已把你當作敵人。」

「妳怎麼知道？」

「這是他們的哲學，」她感歎着說：「不是同志就是敵人。」

黃翰文怔怔地望着她。

隨後他又想起楊樺，廖聲濤說的那個狂放的詩人模樣的青年人。

「你知不知道楊樺這個人？」

「知道，他眞是個布爾喬亞。」

「他怎樣了？」

「原先他以爲眞的遇到救星，寫了很多詩歌頌他們，甚至公開批評，他們用各種方法說服他，鬧得他受不了，就偷偷逃跑，但沒有逃掉，結果把他當作布爾喬亞的典型來整，還印了一本小冊子，發給抗大和魯迅藝術學院的學生開會檢討批評，說他有潛在的反動性，是革命陣營裡面的逃兵，應該受嚴格的制裁，這一下確實嚇住了不少想鬧小差的學生。」

「後來怎樣？」

「後來又發現他在日記裡寫了一首反詩，就再也看不到他了。」

「可惜！」

「像他那樣盲目衝動，自以爲前進的小資產階級，都會栽在他們手裡。」

「那妳怎麼敢逃？」

「我人一個，命一條，實在受不了。」她的眼圈發紅，連忙在脇下拉出手帕揉揉。

黃翰文安慰她，叫她別難過，她幽幽地嘆了一口氣：

「我眞像做了一場惡夢！幸好你沒有去。」

「我去了還不是和楊樺一樣？」

「那林也跟給日軍[illegible]，我們都不是[illegible]料。」她望望黃翰文說。

茶房把碟筷擺上來，他們停止談話，黃翰文要了兩個客飯，另外點了幾樣菜，不多久送了上來。她吃得津津有味，顯然她有好久沒有吃過這樣可口的飯菜。

霧漸漸地淡了，散了，他們沒有注意，直到窗口射進一道耀眼的陽光，黃翰文不覺高興地說：

「好了，霧散了。」

他的話剛剛說完，就嗚嗚地拉起警報，莊靜駭得連忙放下碗筷，霍地站起來。黃翰文要她吃完飯再走，她右手撫着胸口說：

「吃不下了。」

於是黃翰文匆匆地會了賬，拉着她就跑，她跟着他跟跟蹌蹌地跑下樓來。

人的脚步咚咚地敲在水泥地上，婦人孩子的叫聲、哭聲，鬧成一片，他們兩人隨着一股洶湧的人潮，湧進一個大防空洞。

防空洞裡有人埋怨霧散得太早了。

防空洞大，躲的人也多，一會兒就擠滿了。黃翰文和莊靜恰好擠在中間，他們兩人貼着石壁站立，莊靜被別人擠來擠去，站不住脚，只好雙手抱住黃翰文，黃翰文也用一隻手把她抱住。

洞裡的光線很暗，後面一片漆黑，他們站的地方也只偶爾透進一線微弱的光來。

人還是擠來擠去，莊靜擠得有點透不過氣來。

「哎喲，擠死了！」她向黃翰文輕輕地說。

「等一下也許會安定下來。」黃翰文安慰她。

「在那邊就只有一個好處，不要躲警報。」她輕輕地說。

黃翰文知道她說的「那邊」是什麼地方，因此接着說：

「太遠了，飛機不能來回。」

「我倒真希望把那些飛機炸光！」

「妳怕他們？」

「我為什麼不怕？」

「妳現在打算怎樣？」

「我想找個工作。」

「妳打算幹什麼？」

「隨便幹什麼，不過最好是當教員。」

「妳有沒有路子？」

「我拜托了青年會的張總幹事。」

「妳和青年會的張總幹事有什麼關係？」

「我以前在教會學校讀書，我是教友。」

他哦了一聲。

停了一會，她仰起頭來問他：

「你有沒有辦法？」

「我一定留意。」

「本來許亞琳來找過我兩次。」

「她怎麼知道妳在重慶？」

「她的情報靈得很，怎麼不知道？」

「她找妳幹什麼？」

「她貓兒哭老鼠，說要照顧我，介紹我去新華書店工作。」

「妳去不去？」

「一旦被蛇咬，十年怕井繩。寧願餓死，我也不去。」

突然緊急警報像殺豬般地嚎叫起來，防空洞裡馬上肅靜得鴉雀無聲，幾乎聽得出自己的心跳。

莊靜自然地抱緊黃翰文，她的身體在輕輕地顫抖。她似乎比別人更怕轟炸。

隨即聽到飛機升空的聲音，有人高興地說：

「好了，我們的飛機出動了。」

可是馬上有人從鼻子裡哼了一聲：

「還不是逃警報？」

隆隆的機聲正由遠而近地飛過來，重磅炸彈帶着尖銳的噓噓聲落下，防空洞裡頓時一陣緊張，有人哭泣，有人喃喃地唸阿彌陀佛。

莊靜把頭埋在黃翰文的胸前，閉緊眼睛，身體像打擺子一般顫抖。忽然一顆重磅炸彈落在防空洞頂上，他們兩人震得跳了起來，很多人哭了。而從洞口逼進來的一股强烈的空氣壓力掀起的颶風，又衝進防空洞，衝進鼻孔，阻塞呼吸，好半天纔喘過一口氣。

「哎喲，逼死我了！」莊靜抬起頭來對黃翰文說。

「把嘴張開，免得震壞了耳膜。」黃翰文對她說。

她張着嘴吐氣，抱着黃翰文的手微微一鬆，一顆重磅炸彈又落在附近，她又把黃翰文抱緊，把頭埋進他的懷裡。

洞外的灰塵不斷地飄進來，洞裡的空氣愈來愈悶，「五三」慘案記憶猶新，因此有很多人往洞門口擠，但是擠不過去，洞口的人多，洞門又上了鎖，警察站在洞門口維持秩序，恐怕大家一哄而出。

飛機去了很久，警報纔解除，閘門一打開，人就像一籠關久了的雞鴨，低着頭直竄出來。

莊靜扶着黃翰文擠了出來，臉色蒼白，黃翰文着了一驚，連忙問：

「你的臉色怎麼這樣蒼白？」

「裡面太悶，過了一會就會好的。」她喘息地說着，呼吸有點急促。

黃翰文挽着她走上街來，她在街上走了一會，呼吸了一陣新鮮空氣，臉色漸漸好轉，黃翰文[illegible]和她並肩而行。

街上的店舖炸倒了很多，人也死了不少，有些婦人坐在瓦礫上哭哭啼啼，邊哭邊罵：

「天殺的日本鬼子，炸得格老子好苦哇！」

當他們兩人爬着一個石級高坡時，莊靜又顯得很吃力，爬了不到十個石級就停下來休息，黃翰文攙着她走，她纔強着爬上這個高坡。

他把她一直送到青年會。她住在一間很小的房子內，裡面擺了一張竹床，竹床上只有一床軍毯，沒有棉被。

「天氣冷了，沒有棉被妳怎麼吃得消？」黃翰文問她。

她先是苦笑，隨後又自慰地說：

「能逃出來已是萬幸，被子倒不是最重要的事情。」

「身體要緊，沒有棉被不行。」

「前天許茁琳送來一床棉被，我沒有要。」

黃翰文身上還有點差旅費，可以買床棉被，他委婉地對她說：

「身體要緊，晚上沒有棉被不行，我去買床來好不好？」

「你剛出來做事，那會有錢？」她望着他遲疑的說。

「我領了一筆差旅費，還剩了一點。」黃翰文輕輕回答。

莊靜點點頭，臉上泛起一絲微笑。蒼白的臉，浮着兩片淡淡的紅暈。

黃翰文高興地走了出來，在街上買了一床蓋的、一床墊的，他身上就只剩幾毛錢了。

他坐着人力車，把棉被送到青年會，放在竹床上，她心裡忽然一陣激動，眼淚便潄潄地流下來。她連忙用小手帕左右拭了兩下，恰巧被轉過身來的黃翰文發現，他不禁微微一怔，輕輕問她

：「什麼事傷心？」

「不，我很高興。」她抹抹眼淚，向他一笑，頭一低，身子向前一傾，把臉伏在他的肩上。

他輕輕地抱着她，臉貼着她的秀髮。

黃翰文告辭時，她依依不捨，把他送到青年會門口，輕柔地說：

「[illegible]，我不能遠送，有空請你隨時過來，我還是躲在青年會好些。」

「光天化日，妳怕什麼？」黃翰文望着她既憐惜又好笑。

「你沒有被蛇咬過，你不知道厲害。」她微微一嘆，在這嘆聲中似乎隱藏了很多世故和無限辛酸。

黃翰文緊緊地握着她的手輕輕對她說：

「好，妳進去，我會隨時來看妳。」

她含情脈脈地望着黃翰文離開，直到他的背影完全消失。

黃翰文回到宿舍時廖聲濤也正好從外面回來，他們慶幸彼此都還活着。

「今天我遇到一件非常意外的事。」黃翰文興沖沖地說。

「是不是發了橫財？」廖聲濤斜着眼角望着他。

「不，」黃翰文搖搖頭。「你猜猜看？」

廖聲濤上下打量他，左猜右猜，怎麼也猜不着。最後把兩手一揚，雙腳一跳：

「去你的，難到你碰見了活鬼？」

「別胡說，我碰見了莊靜。」黃翰文回答。

廖聲濤一跳三尺高，嘴裡哇哇叫：

「好哇！這眞是天上掉下一顆星來！請客，請客！」

「我身上只剩五毛錢，請什麼客？」

「你怎麼搞的？比我化的還快！」廖聲濤鼓着兩眼瞪着黃翰文。

黃翰文把經過的情形告訴廖聲濤。廖聲濤摸摸鼻子，半天纔陰陽怪氣地說：

「今天我也有個奇遇。」

「你有什麼奇遇？」

「眞是寃家路窄，我也碰見了許亞琳。」廖聲濤壓低嗓門，湊近黃翰文的耳邊說。

「怎麼這么巧？」黃翰文也跳起來，過後也笑着問他：「一年多不見，她對你怎樣？」

「老相好嘛，那還有話說？」

「你又和她胡搞？」

「說眞的，一看見她我就想貓兒打架。」廖聲濤哈哈傻笑。